에이콤 35년
공연 이야기

사막에서 연극을 만나다

한인사회 공연문화의 꽃을 피운 이광진 대표, 35년의 기록

에이콤 35년 공연 이야기

사막에서 연극을 만나다

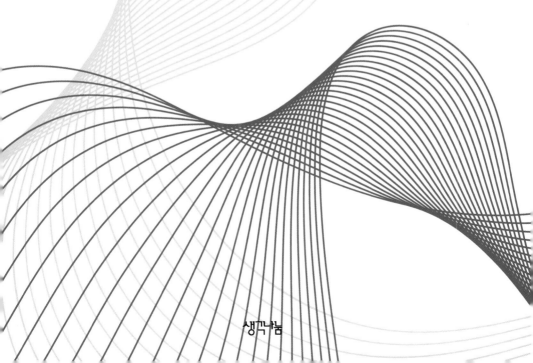

생각나눔

목차

SINCE 1988
문화기획 에이콤
ART COMMUNICATION

제3장: 오피니언 수록 · · · · · · · 147

제4장: 프로그램 수록 · · · · · · · 170

축하의 글

손숙 / 연극인

　　　에이콤 35주년을 기념하여 발간된 책, 『에이콤 35년 공연 이야기 '사막에서 연극을 만나다'』를 한인 사회에 소개하게 된 것을 진심으로 축하드립니다.

　문화의 불모지나 다름없는 곳에서 그 오랜 시간을 문화 사랑으로 한 길을 걸어오신 이광진 대표의 열정을 높이 평가하며, 이 시간이 있기까지 함께한 에이콤 식구들에게도 박수를 보냅니다.

　이광진 대표를 처음 만난 것은 2010년 서울 열린극장 창동에서 공연했던 신경숙 작가의 「엄마를 부탁해」 축하모임 자리에서 박웅 선생의 소개로 인사를 나누었던 것으로 기억합니다.

　이후 내가 출연한 연극의 미주 초청 공연을 상의하게 되었고, 2013년 11월 박완서 선생의 「나의 가장 나종지니 인 것」으로 여러분을 처음 만났으며, 이어서 5년 동안에 「어머니(2016년)」, 「장수사회

(2017년)」 등 3편의 연극을 한인 사회에 소개하게 되었습니다.

저는 지금도 그곳에서 받았던 한인 사회의 성원과 후원해 주신 연극 팬들이야말로 이 땅의 문화를 키우고 번성케 하는 원동력이라 생각합니다.

저는 올해 연극인생 60주년을 맞이하여 창작 신작 「토카타」라는 작품을 LG아트센터 무대에 올립니다. 앞으로 얼마나 더 무대에 설지는 모르겠지만, 매번 공연에 임할 때마다 이번이 마지막 무대라는 각오로 연극을 합니다.

언제든지 좋은 연극으로 여러분을 만날 수 있기를 희망하며 『에이콤 35년 공연 이야기 '사막에서 연극을 만나다'』 출판 기념회에 여러분과 함께하지 못하는 아쉬운 마음을 전합니다.

2023년 동승동 대학로에서

축하의 글

원창호 (전 라디오 코리아 사장)

다리를 놓는 사람

　　　　　이광진. 그를 생각하면 참 외로운 사람이라는 생각이 듭니다.

남들이 쉽게 가지 않으려는 그 길을 혼자서 갔으니 얼마나 외로웠을까….

그를 생각하면 마음이 따뜻한 사람이라는 생각도 듭니다. 사랑하는 마음이 그에게 없었다고 하면 그는 이렇게 먼 길을 달려오지 않았을 것입니다. 광야에 길을 내고 사막에 강을 낸 이 국장님은 기적을 이루신 것입니다.

여기, 척박하기 이를 데 없는 사막 같은 한인 커뮤니티에 한 송이 문화의 꽃을 피우기 위해서 그 먼 길을 혼자서 달려온 사람…. 문화를 통해서 아름다운 다리를 놓아온 사람, 고장 난 우리의 마음과 몸을 용접해서 수리해 준 사람이라고 끝없이 갈채를 보내드립니다. 이 광진 국장(나는 그와 라디오 코리아에서 함께 일했다.)을 만나면 나는 늘 손바닥이 얼얼하도록 악수를 합니다. 그가 지난 35년 동안 120건의 각종 문화 공연을 제작하고 기획했다는 얘길 들으면서 참 고맙고 보석 같은 사람이라고 생각하면서도 한편으로는 마음이 아렸던 것은 그 오랫동안 얼마나 힘들고 지쳤을까 하는 생각 때문이기도 했습니다. 참으로 그는 우리 한인 커뮤니티의 문화 지킴이며, 수호천사입니다. 또한 우릴 감동케 하고, 우릴 행복하게 한 디딤돌이며 우리들 삶의 질을 업그레이드해 준 스프링보드 같은 사람입니다. 이 비정하고 메마른 시대에 그대가 있어서 우린 참으로 따스하고 행복했습니다. 이 국장님, 앞으로도 우리에게 문화 공연을 통해서 쉼과 비움과 자유를 파종해 주고, 물을 벌컥벌컥 들이켜고 싶어 갈증이 난 영혼 모두에게 맑은 치유를 선사해 주시기 바랍니다. 지난 35년간 한결같이 그리하셨던 것처럼….

이 국장님은 여기 사막의 땅에 흡족한 감성의 바다를 만들어 주신 분이십니다. 다음에 만나면 '축하합니다.'라는 말과 함께 손이 얼얼하도록 악수를 하겠습니다. 다시 한번 출판을 축하드립니다.

2023년 가을, 코리아 타운에서

축하의 글

엄영수(대한민국 방송 코미디언협회 회장)

『에이콤 35년 공연 이야기』 출판을 축하드립니다

　　　　　30여 년 전 에이콤 이광진 대표의 초청으로 LA에 갔다. 그때 LA에서 있었던 코미디 행사나 멕시코 국경 지대 엘파소 교민을 위한 '조경수 디너쇼'보다 이광진 대표를 만난 것이 나에게는 행운이고 기쁨이었다.

　그동안 나는 동부 뉴욕 쪽에 행사하러 다니다 보니 에이콤과의 관계는 뜸했지만, 동료 개그맨과 가수, 연극인들을 통해 이광진 대표의 활약상을 익히 들어서 알고 있었다. 우리 개그맨 중에서도 전유성은 '컴퓨터 엑스포' 주 강사로, 서승만은 'MBC 마당놀이' 출연자로, 최영준은 변사 극 「이수일과 심순애」 변사로, 박채규는 연극 「장날」의 주인공으로 여러 차례 LA에서 공연하였다. 이 모든 기획이 에이콤 작품이라는 사실과 얼마 전, 내가 LA 교민과 결혼했을 때도 '엄영수 LA 사위 되다'란 제목을 즉석에서 만들어 서울과 이곳 언론에 홍보한 순발력도 그만이 할 수 있는 노하우다.

나는 오래전부터 이광진 대표를 소개하는 기사나 그가 쓴 문화 칼럼을 보면서 그는 참으로 문화의 밭을 경작하는 마음이 늘 한결같은 분이라는 것을 느꼈는데, 어느덧 35년 주년을 맞이했다는 소식을 들으면서 그동안의 노력과 열정적인 삶이 보이는 듯하여 박수를 보내면서도 한편으론 얼마나 마음고생이 많았을까 하는 생각도 동시에 하게 된다. 문화기획사 에이콤의 35주년과 『에이콤 35년 공연 이야기 '사막에서 연극을 만나다』 출판을 진심으로 축하합니다.

책을 읽지 마라, 사람의 마음을 읽어라.
책을 보지 마라, 책 쓴 사람을 보라.
그는 이 책을 통해 무엇을 말하려 하는가?
오늘 『에이콤 35년 공연 이야기』를 만나 밤새도록 이야기꽃을 피워보자.

2023년 여름을 보내며, 서울에서 개그맨 엄영수

책을 펴내며…

이광진(문화기획사 에이콤 대표)

　　올해로 에이콤은 창립 35주년을 맞이합니다. 대학 졸업 다음 해인 1982년 미국에 이민 와서 몇 년간 언론사 시절을 제외하고는 지금까지 문화기획자의 삶을 살면서 경제적인 것보다는 더 소중한 문화가치를 추구하며 살지 않았나 스스로 반추해 봅니다.

　70, 80년대 우리 한인 사회는 초기 이민자들이 다 그렇듯이 새벽부터 밤늦게까지 일만 하느라 문화를 음미하고 즐길 수 없는 정서적으로 메마른 시절이었습니다. 그러나 2000년대를 지나면서 고국의 문화를 향유하고픈 공감대가 자연스럽게 형성되고, 문화예술인들의 왕래도 잦아지면서 마침 불기 시작한 K-POP 열풍과 한국 문화에 대한 서구 엘리트들의 시선을 바꾸어 놓은 영화 「기생충」, 「미나리」와 드라마 『오징어 게임』 등의 영향으로 지금은 전 세계의 대중문화를 이끌어가는 문화강국이 되었으며, 우리는 그 한류 중심지인 엘에

이에 살고 있습니다.

이 글은 지난 35년간 에이콤에서 기획, 제작하였던 공연 전후 이야기를 소개한 글입니다.

마침 『미주 중앙일보』에 '이광진의 공연 이야기'라는 제목으로 2012년에 발표한 글들과 추가 원고 그리고 각 언론사 '오피니언'에 게재한 문화 관련 글들을 모아서 35주년에 맞추어 '에이콤 35년 공연 이야기 'LA 이광진'이라는 제목으로 나오게 된 것입니다.

이 책은 어떤 문학적 재능을 선보이고자 쓴 글이 아니라 우리 한인 사회에서 누가 공연을 했고, 언제, 어디서 어떤 공연들이 있었는지 함께 살펴보고 기록으로 남기고 싶어 부족한 글이지만 책으로 간행하게 되었습니다.

앞으로 이 책이 한인사회 공연문화를 이끌어갈 창의적인 문화기획자들에게 조금이라도 도움이 되는 텍스트로 남는다면 더없는 기쁨이 되겠습니다.

축하와 격려의 글을 보내주신 모든 분들과 에이콤의 든든한 후원자 가나안 메디컬 그룹 우영실 여사에게도 감사의 글을 남깁니다.

2023년 가을, 에이콤 사무실에서

제1장

문화기획사 '에이콤' 공연 기획 연보

ACOM PERFORMANCE HISTORY

(1988~2023)

1988 모임극회 10주년 기념 공연 「우리 읍내(OUR TOWN)」	
쏜톤 와일더/작, 정효영/연출, 이광진/기획	
출연	한상혁, 석종민, 백광호, 정숙희, 박진영, 박준성, 이희경, 한대호, 이광진 등 21명
장소	윌셔이벨극장
주최: 모임극회, 주관: 에이콤, 특별 후원: 『한국일보』 미주 본사	

1989 연극인 이승호(실험극단) 초청 공연 「롤러스케이트를 타는 오뚜기'(모노드라마)	
오태석/작, 김종호/연출	
출연	이승호
장소	HOBART ELEMENTARY AUDITORIUM
주최: 에이콤, 후원: 가주예술인연합회	

1990 극단 공간(대표: 이광진) 창단 기념 공연 「일요일의 불청객」	
이근삼/작, 김연화/연출, 이광진/기획	
출연	송귀현, 곽효식, 이지희, 박진영, 에릭 한, 김호근, 금영미
장소	『한국일보』 소극장
주최: 극단 공간, 주관: 에이콤	

1991 극단 공간 제2회 정기 공연 「대왕은 죽기를 거부했다」	
이근삼/작, 한대호/연출, 이광진/기획	
출연	박진영, 이진영, 김호근, 곽효식, 에릭 한 등 10명
장소	『한국일보』 소극장
주최: 극단 공간, 주관: 에이콤	

극단 공간 제3회 정기 공연 크리스마스 스페셜 「스쿠루지」	
찰스 디킨스/작, 김연화/연출, 이광진/기획	
출연	송귀현, 송엄지, 김호근, 이지희, 에릭 한 등 11명
장소	『한국일보』 소극장
주최: 극단 공연, 주관: 에이콤	

1992 제1회 LA 연극제	
참가 극단	공간(대표: 이광진), 창조(대표: 한대호), 페이시스(대표: 신영규), 틴 오라마(대표: 신수경)
장소	에보니 쇼케이스 극장

주최: LA연극인연합회, 주관: 에이콤	

SBS 서울 라디오방송 개국 1주년 기념 공연 「동포 위안의 밤」	
출연	설운도, 현진영, 유열, 김지애, 한서경, 이광준(해바라기), 정재윤
장소	슈라인 오디토리엄
주최: 미주 한인 방송, 주관: 에이콤	

'국악 5천 년 한국의 소리' 초청 공연	
출연	이은주(인간문화재), 정철호 외 20명
장소	월셔이벨극장
주최: 가주예술인연합회, 주관: 에이콤	

가주예술인의 밤	
출연	위진록, 오순택, 주상현, 장소현, 송순태, 서정자, 리복순 김동석, 김응화 (재미국악원), 전언수, 이광준, 이광진
장소	월셔 플라자 호텔 특설 무대
주최: 가주예술인연합회, 주관: 에이콤	

1993 극단 공간 4회 정기 공연 「남편이 깨기 전에」	
이익태/작·연출, 이광진/기획	
출연	이익태, 전경숙
장소	에보니 쇼케이스 극장
주최: 극단 공간, 주관: 에이콤	

KBS 대학가요축제 미주 본선 대회 14팀 출전	
초청가수	노사연, 이무송
장소	월셔이벨극장
주최: 에이콤	

변사극 「순애 내사랑(원제: 이수일과 심순애)」	
전유성/연출, 변사/최영준	
장소	월셔이벨극장
주최: 에이콤	

극단 공간 제5회 정기 공연 한흑 관계 개선을 위한 마당극 「사람 찾기」	
장소현/작, 이근찬 /연출, 이광진/기획	

출연	전용산, 이창록, 석종민, 김희진, 송귀현, 김성희
장소	윌셔이벨극장
주최: 가주예술인연합회, 주관: 에이콤	

1994 대한민국 국립극단 초청 공연「피고지고 피고지고」

이만희/작, 강영걸/연출, 단장: (고)장민호

출연	오영수, 김재건, 이문수, 송봉숙
장소	LATC
공동 주최: 에이콤/극단 창조	

MBC 마당놀이 미주 초청 공연「심청전」

김지일/각색, 손진책/연출

출연	김성녀, 김성애, 윤문식, 김종엽 외 40명
장소	윌튼극장
공동 주최: 라디오코리아/에이콤	

극단 서울 정기 공연「아버지의 꿈」

아서 밀러/원작, 이언호/각색, 이효영/연출, 이광진/기획

출연	김영일, 양진웅, 김병규, 김철화 외 10명
장소	윌셔이벨극장
주최: 극단 서울, 주관: 에이콤	

아남텔타가요제 미주 본선 대회

출전	13팀
장소	한국의 날 축제 무대
주최: 에이콤	

시 동호인들의 가을시화전

총 45명, 60점 출품

장소	한국문화원
주최: 가주예술인연합회, 주관: 에이콤	

연극인 박채규, 양현자 초청 공연「장날」

박채규/작, 김경태/연출

장소	윌셔이벨극장
주최: 에이콤	

1995 '추억의 청바지 콘서트'	
출연	이동원, 유익종, 임지훈, 강인원, 김명상, 조은
장소	파사데나 시빅오디토리엄
주최: 에이콤	

극단 자유 초청 공연(세계연극제 참가 기념) 「피의 결혼」	
페데리코 로르카/작, 김정옥/연출	
출연	박정자, 정동환, 박웅, 이휘향 등 20여 명
장소	월셔이벨극장
공동 주최: 라디오코리아 /에이콤	

'해바라기 디너쇼(이광준)'	
장소	가든스위트 야외 특설 무대
주최: 에이콤	

텍사스 엘파소 '교민 축제의 밤'	
출연	조경수, 엄영수, 백경미, K-BAND
장소	엘파소 인터내셔널 호텔
주최: 엘파소 한인회, 주관: 에이콤	

1996 그룹 룰라 '성덕바우만을 돕기 위한 사랑의 콘서트'	
게스트: 최성수, 양수경	
관객	15,000명(헌혈: 300명)
성금	$ 20,000(아시아 골수기증협회에 전달)
장소	헐리웃 팍 야외 공연장
주최: 에이콤	

SBS 악극 미주 초청 공연 「홍도야 울지 마라」	
(고) 김상열/극본·연출	
출연	최주봉, 김진태, 박인환, (고) 태민영, 양재성 등 25명
장소	월셔이벨극장
주최: 에이콤	

영화 「투캅스」 미주 상영	
강우석/감독	
관객	15,000명

장소	윌셔포스타극장
주최: 에이콤	

1997 최은희 여사 연극 인생 50주년 기념 헌정 연극 「오 마미」
장소현/작, 이효영/연출, 이광진/기획

출연	최은희, 주상현, 김영일, 백종용, 고계영, 원수연, 이정인 등 21명
장소	윌셔이벨극장
주최: 가주예술인연합회, 주관: 에이콤	

연극(동아 연극 대상) 초청 공연 「돌아서서 떠나라」
이만희/작, 최정우/연출, 이광진/기획

출연	고영주, 최정우
장소	가든 스위트 호텔 야외 특설 무대(타운 최초 디너 연극)
주최: 에이콤	

극단 서울 정기 공연 「숨은그림찾기」
이언호/작, 정효영/연출, 이광진/기획

출연	이철, 김민아, 양진웅, 모니카 리, 세인 리, 이시연
장소	『한국일보』 소극장
주최: 극단 서울, 주관: 에이콤	

유익종 가을 음악회
게스트: 박선영

장소	윌셔이벨극장
주최: 에이콤	

1998 변사극 「엄마 없는 하늘 아래」 초청 공연
전유성/연출, 최영준/변사

장소	『중앙일보』 강당
공동 주최: 『중앙일보』 미주 본사, 에이콤	

백혈병 어린이 돕기 '이미자' 초청 공연

장소	윌셔이벨극장
공동 주최: 에이콤, 광고대행사 '콤마'	

유승준, 지누션 '라이브 콘서트'

장소	윌셔이벨극장
	주최: 에이콤

연극인 이호재 선생 초청 연극「지나(얼바인 쌍둥이 자매 실화 연극)」

	강승규/작, 김광원/연출, 이광진/기획
출연	이호재, 문지현, 백현주, 배도익 등 15명
장소	『한국일보』소극장(총 17회 공연)
	주최: 코리아나뉴스, 주관: 에이콤

텍사스 엘파소 '동포 위안의 밤'

출연	김막동, K-BAND
장소	엘파소 인터내셔널 호텔
	주최: 엘파소 한인회, 주관: 에이콤

1999 극단 레퍼토리 초청 공연「맹 진사 댁 경사」

	오영진/작, 조경환/연출
출연	김을동, 김성옥, 박윤배, 김성겸, 박상조, 최국희 등 20명
장소	윌셔이벨극장
	주최: 에이콤

강산에 초청 공연

장소	PATIO 특설 무대
	주최: 에이콤

듀오 다섯손가락 이두원 초청 공연

장소	PATIO 특설 무대
	주최: 에이콤

강인원, 조은 초청 공연

장소	PATIO 특설 무대
	주최: 에이콤

김종환 초청 공연

장소	윌셔이벨극장
	공동 주최: 에이콤, 광고대행사 '콤마'

KBS '도전 주부가요열창' 미주 본선 대회	
사회: 지미 김	
장소	PATIO 특설 무대
주최: 에이콤	

2000 가수 (고) 이동원, 김동환 미주 순회 공연 (엘에이, 샌프란시스코, 시카고, 필라델피아, 뉴욕, 댄버)	
주최: 에이콤	

극단 현대극장 초청공연 「길 떠나는 가족」	
김의경/작, 이윤택/연출	
출연	김갑수, 나문희, 김성원 등 25명
장소	윌셔 포스타극장
주최: 라디오코리아, 주관:에이콤	

전유성 초청 컴퓨터 엑스포 '컴퓨터 일주일만 하면 전유성만큼 한다'	
장소	LA COSMOS HALL
공동 주최: 라디오코리아, 에이콤	

2001 박채규, 양현자 연극 「장날」 미주 순회 공연 (엘에이, 시카고, 뉴욕, 피닉스, 엘파소)	
공동 주최:『한국일보』미주 본사, 에이콤	

2002 패티김 초청 '사랑의 콘서트'	
게스트: 카멜라, 18인조 팝스 오케스트라 출연	
장소	파사데나 시빅 오디토리엄
공동 주최:『중앙일보』미주 본사, 에이콤	

변사극 「순애 내 사랑」 미주 순회 공연 (엘에이, 샌디에고, 프레즈노, 샌프란시스코, 산호세, 시애틀, 뉴욕)	
전유성/연출, 최영준/변사	
주최: 에이콤	

2003 MBC 마당놀이 초청 공연 「심청마마 납시요」	
윤정건/작, 문석봉/연출	
출연	최종원, 이덕화, 김정민, 신화자, 서승만 등 50명

장소	그랜드 올림픽 오디토리엄
공동 주최: 『중앙일보』 미주 본사, 에이콤	

강인원, 박강성 '가을 콘서트'	
게스트: 박선영	
장소	월셔이벨극장
주최: 에이콤	

유익종 초청 '추억의 포크 콘서트'	
게스트: 윤설하	
장소	월셔이벨극장
주최: 에이콤	

2004 '포크 뮤직의 밤'	
출연	유심초, 사월과 오월, 이정선, 쉐그린
장소	월셔이벨극장
주최: 에이콤	

연극인 윤소정, 이호재, 김재건 특별 초청 공연 「누군가의 어깨에 기대어」	
이만희/작, 김동현/연출	
장소	LA 정동아트홀(총 11회 공연)
주최: 스포츠서울 USA, 주관: 에이콤	

심수봉 스페셜 콘서트	
장소	월셔이벨극장
주최: 스포츠서울 USA, 주관: 에이콤	

최진희 스페셜 콘서트	
장소	월셔이벨극장
주최: 스포츠서울 USA, 주관: 에이콤	

뽀빠이 이상용 엘에이 공연 '폭소 대잔치'	
게스트: 장현, 쉐그린	
장소	월셔이벨극장
주최: 에이콤	

2005 'PAVA 청소년 열린음악축제'	
출연	신화, NRG, 이정현, 미나, 지누션, 코요테, 태반
장소	헐리웃 코닥극장
주최: 스포츠서울 USA, 주관: 에이콤	

MBC 대학가요제 그룹사운드팀 초청 공연	
출연	송골매, 건아들, 로커스트, 샌드페이블, 옥스 80, 조갑경, 우연실
장소	윌셔이벨극장
주최: 스포츠서울 USA, 주관: 에이콤	

샌디에고 '한인의 날 축제'	
출연	심신, 강인원, 최영준, 에즈원
장소	한인축제 특설무대
주최: 샌디에이고 한인회, 주관: 에이콤	

'해바라기' 초청 공연	
출연	이주호, 강성운
장소	윌셔이벨극장
주최: 에이콤	

2006 연극 「품바」 초청 공연	
출연	품바: 김기창, 고수: 김태영
장소	윌셔이벨극장
주최: 에이콤	

한국 멕시코 '연예인 축구 대회'		
김의경/작, 이윤택/연출		
출전 선수	서인석, 맹상훈, 유태웅, 김영배, 황인영, 이세은, 최종환, 배도환, 이경영, 김경하, 전의갑, 한정국, 이상인	
장소	엘에이 갤럭시구장	
공동 주최: 에이콤, (주)한강		

건국 대통령 이승만 박사 추모 강연회	
게스트: 문희옥	
장소	윌셔이벨극장
주최: 이승만 박사 기념사업회, 주관: 에이콤	

2007 연극인 김성녀 뮤지컬 모노드라마「벽 속의 요정」	
후쿠다 요사유키/원작, 배삼식/극본, 손진책/연출	
장소	윌셔이벨극장
	공동 주최: 에이콤, (주)한강

조영남 스페셜 콘서트	
20인조 팝스 오케스트라 출연(지휘: 김영균)	
장소	윌셔이벨극장
	주최: 에이콤

변진섭 스페셜 콘서트	
20인조 팝스 오케스트라 출연(지휘: 김영균)	
장소	윌셔이벨극장
	공동 주최: 라다오코리아, 에이콤

이광조 스페셜 콘서트	
20인조 팝스 오케스트라 출연(지휘: 김영균)	
장소	윌셔이벨극장
	공동 주최: 라다오코리아, 에이콤

'LA 딴따라 가요축제'	
출연	차병완, 수지윤, 이명호, K TOWN JAZZ BAND 등 10팀
장소	윌셔이벨극장
	공동 주최: 에이콤, 오아시스 엔터테인먼트

출2008 박강성 빅 콘서트	
게스트: 박선영	
장소	윌셔이벨극장
	주최: 에이콤

유익종&박학기 '가을 음악회'	
게스트: 쟈니윤	
장소	윌셔이벨극장
	공동주최: 라디오코리아, 에이콤

남진 리사이틀 IN LA	
20인조 팝스 오케스트라 출연(지휘: 송순기)	

장소	윌셔이벨극장
공동 주최: 에이콤, (주)한강	

2009 KBS방송 연기자(극단 예터) 초청 공연「배비장과 애랑이」

	김순영/각색·연출
출연	김상순, 심양홍, 김보미, 박윤배, 이일화, 손영춘, 김경하 고수: 윤현숙, 도창: 김세윤
장소	윌셔이벨극장
공동 주최: 에이콤, (주)한강	

'7080 포크송 페스티벌'

	게스트: 캐빈 육
출연	임백천, 강은철, 강승모, 김세화, 채은옥, 장계현, 하사와 병장
장소	윌셔이벨극장
공동 주최: 에이콤, (주)한강	

2010 김창완 밴드(산울림) 미주 순회 공연(엘에이, 시애틀, 시카고)

장소	윌셔이벨극장(엘에이) 어본 퍼포밍 아트센터(시애틀), 노스 쇼어 센터(시카고)
주최: 에이콤	

극단 서울 창단 25주년 기념 연극「엄마 사랑해」

	장소현/작, 이효영/연출, 이광진/기획
출연	이미라, 전경숙, 홍한기, 김철화
장소	비전 아트홀
주최: 극단 서울, 주관: 에이콤	

박윤모 교수 모노드라마「아버지」

	조태희/작, 나상만/연출
장소	LA 정동아트홀
주최: 스타니스랍스키 대학 USA, 주관: 에이콤	

2011 중서부 '가을 맞이 음악회'

출연	임창제, 유익종, 이태원, 채은옥, 김세화, 임나경
장소	CHICAGO HORSE SHOE CONCERT HALL

주최: KGB MARKETING, 주관: 에이콤	

연극 「품바」 미주 순회 공연 (엘에이, 시카고, 뉴욕, 시애틀, 타코마, 휴스턴, 어스틴, 산안토니오, 라스베가스)	
출연	품바: 김기창 ,고수: 김태영, (고) 강대승
주최: 에이콤	

미션 해바라기&지구밴드 디너 콘서트	
장소	윌셔 노블 카페
주최: 에이콤	

2012 세시봉 김세환 디너 콘서트(BBCN BANK OPEN 기념)	
장소	윌셔 팍 호텔
주최: BBCN BANK, 주관: 에이콤	

'솔개' 이태원 디너 콘서트	
게스트: 주성	
장소	윌셔노블카페
주최: 경동고등학교 동창회, 주관: 에이콤	

극단 '완자무늬' 초청 연극 「불 좀 꺼주세요」	
이만희/작, 강영걸/연출	
출연	박성준, 이효림, 이현주, 윤태웅, 강윤경, 한채영
장소	윌셔아트센터(6회 공연)
주최: 스포츠서울 USA, 주관: 에이콤	

2013 SEOUL BALLET COMPANY 초청 공연 「AN EVENING OF BALLET CONCERT」	
장소	윌셔이벨극장
공동 주최: 에이콤/로스앤젤레스 한인회	

극단 에이콤 창단 공연 「봄날은 간다」	
조단/작·연출 고문: 이광진, 이사장: 제임스 홍, 대표: 최순구	
출연	임옥경, 이승주, 앤드류 리, 심현정, 김대섭, 미쉘 리, 김민영
장소	BARNSDALL GALLERY THEATRE

주최: 극단 에이콤	

추석맞이 미주 순회 공연 무성영화 변사극 「이수일과 심순애」(엘에이, 샌프란시스코, 시애틀, 알래스카)	
전유성/감독, 최영준/변사	
주최: 에이콤	

손숙 연극인생 50주년 초청 공연 「나의 가장 나종 지니인 것」(에이콤 25주년 기념 특별 기획)	
박완서/작, 유승희/연출	
장소	윌셔이벨극장
주최: 에이콤	

2014 대학로 우수극단 초청 공연 Ⅰ 「최고의 사랑」	
이영수/각색, 박석준/연출	
출연	길건, 배소은, 천종환, 한민규
장소	한국교육원 1층 소극장(총 14회 공연)
주최: 에이콤, 특별 후원: 우리방송	

대학로 우수극단 초청 공연 Ⅱ 「행복을 찾아서」(창작 뮤지컬)	
출연	박석준, 신준호, 전지환, 장혜원, 이희정, 이수민
장소	윌셔이벨극장
주최: 에이콤, 특별 후원: 우리방송	

극단 에이콤 제2회 정기 공연 「하늘 꽃」	
조단/작·연출	
출연	손영혜, 이승주, 김대섭, 장길문, 지윤자, 최원석
장소	LA 한국문화원 아리홀
주최: 극단 에이콤	

이문세 콘서트	
장소	다운타운 노키아시어터
장소: 주최: 조아 프로덕션, K-STAR USA, 주관: 에이콤	

2015 동대문구 문화예술단 초청 공연 (미주 한인 이민 112주년 기념)	
단장: 한창용, 부단장: 권혁순, 사무국장: 강임원	

장소	월셔이벨극장
공동 주최: 에이콤, 미주한인재단	

대한민국 밴드 페스티벌 I	
출연	사랑과 평화, 유현상과 백두산, 장계현과 템페스트, 건아들, 유영춘과 영사운드, 이천행과 딕훼밀리, 김영균과 검은나비
장소	월셔이벨극장
공동 주최: 에이콤, YTN USA	

2016 국민배우 손숙 연기인생 53주년 기념 공연 「어머니」	
이윤택/작·연출	
출연	손숙, 하용부, 김미숙, 김철영, 서민우, 양승일, 이민아, 신승훈, 최수지, 최민혁, 신혜림
장소	월셔이벨극장
주최: 『헤럴드경제』, 주관: 에이콤	

포크락의 전설 '이정선의 썸머 스페셜'	
게스트: 박강서, 주성	
장소	라이프보건 문화센터
주최: 에이콤	

밴드 '장미여관' 초청 콘서트	
출연	육중완, 윤장현, 임경섭, 배상제, 강준우
장소	월셔이벨극장
주최: 『헤럴드경제』, 주관: 에이콤	

3인 3색 '청춘 콘서트'	
출연	김영균과 팝스오케스트라, 장계현, 유익종
장소	엘에이 다운타운 벨라스코 극장
주최: 에이콤	

2017 신구, 손숙 「장수상회」	
하현우/작, 박상원/연출	
출연	신구, 손숙, 우상전, 이윤수, 구옥분, 김태향
장소	월셔이벨극장
주최: 『헤럴드경제』, 주관: 에이콤	

코믹 팝그룹 '노라조' 초청 공연 '노라조 끝장파티'	
출연	조빈, 원흠
장소	엘에이 다운타운 벨라스코 극장
주최: 에이콤	

2018 해바라기 40주년 특별 공연	
게스트: 이상, 주성, 사회: 이근찬	
출연	이주호, 이광준
장소	엘에이 다운타운 벨라스코 극장
주최: 에이콤, 후원: 삼호관광	

제45회 한국의 날 축제 초청 공연 「싸가지 흥부전」	
(고) 장남수/극작, 장경민/연출, 주호성/예술감독	
출연	윤문식, 김태훈, 우상민, 정준태, (고) 강대승, 이근찬
장소	한국의 날 특설 무대
공동 주최: 한국의 날 축제재단, 에이콤	

서울 발레단 초청 공연	
단장: 박재근, 출연: 40명 1부: 「라비반데르」, 「백조의 호수」, 「잠자는 숲속의 미녀」, 「돈키호테」 2부: 「양치기 소녀와 늑대」	
장소	윌셔이벨극장
주최: 스포츠서울 USA, 주관: 에이콤	

김영균 교수 음악인생 50주년 음악회	
출연	김영균, 이진동, 강진한, 박강서, 주성
장소	LA 한국교육원 소극장
주최: LA 재즈코럴, 주관: 에이콤	

박강성 '가을 음악회'	
게스트: 박선영	
장소	엘에이 다운타운 벨라스코 극장
주최: 에이콤	

2019 연극 「할배열전」 미주 공연	
김태수/작, 주호성/연출	

출연	양재성, 최주봉, 윤문식, 신비경, 신혜옥, 박민관, 최준혁, 이정현, 이하나
장소	윌셔이벨극장
주최: 스포츠서울 USA, 주관: 에이콤	

인간문화재 '안숙선 명창 초청 공연'(「흥보가」 「전바탕」 발표)

장소	윌셔이벨극장
주최: 미주예술원 '다루', 미주 국악경연대회 집행위원회, 주관: 에이콤	

2020 구정맞이 그룹사운드 초청 페스티벌 II

출연	템페스트, 영사운드, 딕훼밀리, 검은나비, 아비밴드
장소	소보바 리조트 특설 무대
주최: 소보바 리조트 카지노, 주관; 에이콤	

2021 '내 사랑 코리아타운' 음원 발표회

이광진/작사, 김영균/작곡, 박강서·티나원/노래	
장소	PRO MEDIA
제작: 문화기획사 에이콤	

한여름 밤 '별빛 음악회'

사회: 이근찬, 촬영: 석송, 유한수	
출연	이광준(해바라기), 박강서(아비밴드)
장소	엠코카페 야외 무대
공동 주최: 삼호관광, 에이콤	

2022 김영균 교수 음악인생 55주년 '헌정 음악회'

이광진/연출	
출연	김영균, LA 재즈코럴(단장: 김진모), 강진한, 변성용, 박강서, 박애란, 채정연, 켈리 최
장소	LA 한국 교육원 1층 소극장
주최: LA 재즈코럴, 주관: 에이콤	

2023 구정맞이 '포크 음악의 밤'

게스트: 제니 리	
출연	이태원, 유익종, 장계현

장소	소보바 리조트 특설 무대
주최: 소보바 리조트 카지노, 주관: 에이콤	

극단 글로브 극장 「동치미」 초청 공연	
김용을/작·연출	
출연	김진태, 김계선, 이효은, 안재완, 안수현
장소	월셔이벨극장
주최: SBS 인터내셔널, 주관: 에이콤, 타이틀 스폰서: 센터메디컬그룹	

K-POP BLACK SWAN(1st U.S. Fan Meeting)	
11월 9일(목) Los Angeles, 11월 10일(금) Bakersfield	
11월 11일(토) Fresno, 11월 12일 일) Las Vegas	
11월 15일(수) Alaska, 11월 17일(금) Oregon	
11월 18일(토) Seattle	
주최: KPOP Bestie, 주관: 에이콤	

2024년 예정 공연

청춘 페스티벌 (예정)	
게스트: 김영균, 박강서, 제니 리	
출연	오승근, 김도향, 장계현
장소	플러튼 라미라다 극장
주최: 에이콤	

극단 경험과 상상 초청공연 (예정) '낙원상가'	
극작 정상미, 연출 류성	
출연	우상민, 고인배, 이태훈, 권범택, 차유경
장소	네잇홀든 퍼퍼밍아트센터
주최: 에이콤	

소리의 본좌 '윤시내 스페셜' (예정)	
출연	20인조 김영균 팝스오케스트라
장소	플러튼 라미라다 극장
주최: 에이콤	

제2장

에이콤 35년 공연 이야기

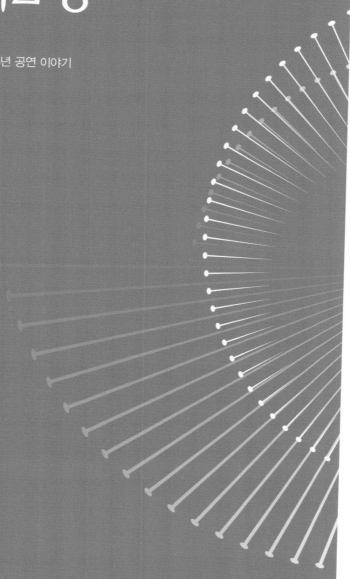

그녀의 진실을 알리고 싶었다

쌍둥이 자매 실화 연극, 「지나」

　　　　　　　이 이야기의 줄거리는 1996년 11월 6일 미국 로스앤젤레스 인근의 얼바인에서 발생한 한인 동포 지나 한과 써니 한의 쌍둥이 자매 살인미수 사건을 토대로 한 실화 연극이다.

　"뉴스 속보를 말씀드리겠습니다. 캘리포니아 남부에 사는 일란성 쌍둥이에게 비극적인 사건이 벌어졌습니다. 쌍둥이 한 명이 다른 자매의 청부살인을 모의한 혐의로 감옥에 갇힌 것입니다.
　착한 쌍둥이와 나쁜 쌍둥이(Good Twins, Evil Twins) 간의 갈등을 그린 영화가 있었습니다. 영화 「데드 링어」에서 동생은 쌍둥이 언니의 삶을 살고 싶어 그녀를 죽이려 합니다.
　그야말로 할리우드 영화에나 나올 법한 이 얘기가 실제로 일어났습니다.

　경찰은 이 사건을 쌍둥이의 선악 갈등으로 보고 있습니다. 동생 지나는 언니 써니가 되어 살고 싶어 언니를 죽이려 했다는 혐의를 받고 있습니다. 경찰은 절도와 사기죄로 감옥에 갇혀있던 지나가 작년 11월 6일 탈옥해 10대 두 명을 고용, 자신의 쌍둥이 자매를 청부살해한 뒤 써니로 위장 언니의 재산과 인생을 훔치려 했다고 보고 있습니다.

그러나 그녀의 계획은 살인청부업자가 같은 방에 있던 친구를 묶는 동안 써니가 911에 전화를 걸면서 수포로 돌아가고 말았습니다.

다른 사람으로 위장해서 살려 했다는 게 영화에서나 볼 수 있는 너무나 놀랍고 비극적인 이야기라고 사람들은 말합니다.

사건 피해자인 언니 써니는 얼마 전 어머니, 남자친구와 크게 다툰 후 약국에 가서 수면제 세 통을 사서 자살을 기도했습니다. 그녀는 수면제 과다 복용으로 몸을 제대로 가누지 못할 상태였고, 곧 인근 병원으로 옮겨졌습니다.

그 이후 써니는 자신의 쌍둥이 자매가 꼬임에 빠져 그런 일을 저지른 것뿐이라며 자신을 죽이려 한 사실이 없다고 주장하고 있으며, 감옥에 있는 동생을 변호하기 시작한 것입니다.

이들 두 자매는 고등학교 졸업식 때 함께 고별 연설을 할 정도로 우애가 돈독한 사이였습니다. 이번 사건은 때론 실제 상황이 소설보다 더 낯설 수 있음을 보여주고 있습니다."

나는 텔레비전 채널을 돌렸다.

이 사실이 코리아 타운에 순식간에 알려지고 언론의 관심을 받고 있을 때, 당시 『코리아나 뉴스』 편집국장이었던 강승규 기자가 이 사건에 의문을 갖고 주의 깊게 취재했다. 오랜 시간 면회를 통하여 '지나'와 주고받은 그녀의 인생 이야기와 사건 전말에 대한 내용을 『코리아나 뉴스』 신문에 〈올가미를 벗겨주세요〉라는 제목으로 연재하는 중 우리는 이 인터뷰한 내용을 중심으로 지나의 성장 과정과 그동안 말 못했던 이야기들을 연극 무대를 통해서 여과 없이 전달해 보자는 취지에서 공연을 기획하게 되었다.

우리는 공개 오디션을 통해서 출연 배우들을 공모했지만, 이 연극을 이끌어갈 기자 역은 한국의 중견 연극인 이호재 선생을 모셔 오기로 하였다. 대한민국 최고의 연극배우를 이번 공연에 캐스팅하여 이 연극을 올리게 된 깊은 뜻과 아마추어 연극이 아닌 프로들의 연극이라는 점을 강조하고 싶었다.

지나 역에는 한국에서 방송인으로, 연기자(영화 「유관순」, 드라마 『강남 일 번지』)로 알려졌던 문지현을 캐스팅했다. 그녀는 고려대학교를 여자로서는 처음으로 수석 입학, 졸업하여 화제가 되었던 다재다능한 문화인이다. 연극 무대는 처음이지만, 대본을 읽어본 문지현은 지나 역에 강한 애착을 가지며 주인공 지나 역을 수락하였다. 그 외 중요 역할에는 극단 '서울' 소속의 연기자들이 많이 캐스팅되었다. 채정현, 원수연, 백현주, 노연주, 백중용, 제임스 오, 배도익, 유정희 등 무대 경험이 많은 연기자들로 캐스팅을 끝내고 보니 오래간만에 우리 커뮤니티에서 의미 있는 연극 한 편을 올린다는 자부심을 모두들 갖게 되었다.

또한 많은 관객에게 이 연극 속에 내포되어 있는 감춰진 내용을 알린다는 취지에 따라 98년 12월 1일부터 13일까지 총 17회 장기 공연으로 올리기로 하고, 장소는 한국문화센터 소극장으로 정하였다. 샌프란시스코 교도소에 수감되어 있는 지나도 우리에게 여러 차례 편지를 통하여 이 연극의 성공을 기원하면서도 한편으로는 안타까운 본인의 심정을 우리에게 알려왔다.

지나 사건을 연극화한다는 소식이 주류 언론사에 전해지자 생각보다 반응이 뜨겁다. 한인 커뮤니티 배우들이 연극을 통해 감춰진 이야기를 밝힌다는 내용에 기대 반, 호기심 반으로 우리에게 접촉하기 시작했다. 공연 첫날 좁은 소극장(200석)에는 주류 방송국에서 온 공연 취재 카메라로 북적이고, 이 사건에 관심을 가졌던 외국인 관객도 여럿 눈에 띄었다.

얼바인에서 있었던 초유의 쌍둥이 자매 살인공모 사건에 주류 사회가 얼마나 깊은 관심을 가지고 있는지를 알 수 있었다. 이 연극을 통해서 '지나'의 진실이 얼마나 전달되었는지, 주류 사회 여론에는 어떤 영향을 미쳤는지는 오직 관객들만이 판단할 따름이다.

지나는 진정으로 사랑을 원했지만 자라온 환경과 주변의 현실을 극복하지 못한 한인 1.5세 이민자의 슬픔을 단적으로 보여준 연극이었다.

열악한 제작 환경 속에서도 17회라는 장기 공연을 무사히 마칠 수 있었던 것은 순수한 연극인들의 사랑 때문이 아니었을까? 이호재, 문지현 등 공연에 참여했던 20명의 배우, 스태프들에게 깊은 감사를 드린다.

세월은 흘러 2018년 5월, 지나 한이 복역 21년 6개월 만에 출소했다. 그동안 지나를 위한 재심 신청을 여러 번 하였으나 번번이 기각당했는데, 한인 재소자들을 후원하고 있는 '아둘람 재소자 선교회'의 노력으로 중가주 차우일라 여성 교도소에서 출소하여 현재 사회적응 훈련시설에서 6개월의 교육과정을 마친 뒤 대학에 진학할 예정이라는 반가운 소식이다.
앞으로 지나 한의 인생에 밝고 기쁜 소식만이 전해지기를 우리 모두 바라는 마음이다.

대한민국 연극제에 다녀오다

생명의 울림, 희망의 향연

                제1회 대한민국 연극제(2016. 6. 2.~22.)가 열리고 있는 아름다운 문화의 도시 청주에 다녀왔다. 청주는 작년 9월 '청주국제공예비엔날레'에 미주 홍보대사 자격으로 참가한 이래 두 번째 방문이다.

6월의 백합꽃 향기 속에 도시는 연극제를 알리는 각종 홍보물로 뒤덮이며 축제 분위기를 한껏 즐기고 있었다.

"인생은 연극."이라는 윌리엄 셰익스피어의 명언처럼 대한민국 국민 모두가 인생이라는 무대 위에서 주인공이 되어 희망을 노래하며 살아가자는 뜻으로 슬로건도 '대한민국 연극에 살다'로 정한 것 같다.

'대한민국 연극제'는 33년간 이어온 '전국 연극제'의 역사를 계승하여 올해부터 서울 지역을 포함한 전국의 16개 광역시, 도 대표 팀이 모두 참여한다는 점과 명실공히 규모도 '대한민국 연극제'의 면모를 충분히 갖추었다는 점이 공감대를 형성하며 이 명칭이 사용된 것 같다.

'대한민국 연극제'가 탄생하기까지는 지역 연극인들의 헌신적 노력과 땀방울, 그리고 개최 지역인 충청북도와 청주시의 아낌없는 지원이 있었기에 가능하지 않았나 생각된다.

다양한 부대 공연과 행사로 이루어진 연극제는 청주예술의 전당

대극장에서 펼쳐지는 시, 도 대표 팀들의 경연을 비롯하여 소공연장 프로그램, 전시실에서 열리는 국제무대미술전, 무대의상전, 무대소품전 등을 비롯하여 세계 9개국 31개 팀이 펼치는 Street Art Festival, 빛 테마 예술 전시, 연극 발전을 위한 학술세미나, 지역 예술단체 연합공연 등 다양한 공연 프로그램이 제공되며, 전국 최대 규모의 연극 축제를 자랑하고 있었다.

특히 이번 연극제에서는 단체상과 개인상에 1억 5천만 원의 상금이 책정되고 대상 팀은 해외 공연의 특혜도 주어지며, 그 외 수상 팀들은 서울 페스티벌에 참가하여 대학로 무대에도 오르게 하는 등 단순 경연에 그치지 않고 그 열기를 이어 나간다는 점이 인상적이었다.

개인적으로 특별했던 점은 개막식 행사에서 반가운 분들을 만날 수 있었다는 것이다. 심사위원장이신 연출가 강영걸 선생을 비롯하여 홍보 대사로 위촉된 연극인 박인환, 최주봉, 김진태, 서인석, 양재성 선생들이다. 이분들은 여러 차례 LA 공연을 함께한 친숙한 분들로, 우리는 지난 공연을 이야기하며 추억의 시간을 가질 수 있었다.

'대한민국 연극제'는 20일간 16개 대표 팀들의 열띤 경연으로 누적 관객 20만 명 이상을 동원한 가운데 청주를 뜨겁게 달구며 화려하게 막을 내렸다.

영예의 대통령상에는 대전 대표로 출전한 나무시어터 연극협동조합이 대상과 연출상 수상의 영예를 안았다. 대상 작품 「철수의 난」은 대전 희곡공모전에서 금상을 수상한 윤미현 작가의 작품으로, 대전대 김상열 교수가 연출을 맡아 비합리적이고 부조리적인 삶을 견뎌내는 인간의 모습을 해학적으로 풀어낸 작품이다.

그 외에 경남 팀의 「강목발이」가 문화체육부 장관상을, 강원도 팀의 「카운터 포인터」가 충북지사상을 수상하였다. 모든 참가팀의 공연 수준이 전체적으로 기대 이상이었다는 평과 창작연극의 새로운 장을 열었다는 점에서도 큰 의미를 찾을 수 있었다.

그러나 연극제 전부터 우려의 시선을 받아오던 열악한 공연장 시설이 현실로 나타났다.

연극제 기간 동안 소극장을 이용한 초청 공연은 여유 있게 진행됐는데, 대표 팀 공연은 예술의 전당 대공연장 한 곳에서만 이루어지다 보니 저녁 공연이 끝난 뒤 다음 공연을 위해 밤새 무대를 다시 설치해야 하는 관계로 시간에 쫓겨 리허설도 제대로 할 수 없는 현실이 이번 연극제의 발목을 잡은 듯하다.

해외 공연의 특전이 주어진 대상 팀의 「철수의 난」은 올해는 카자흐스탄에서 공연하게 되었다. 해외 동포 일 번지인 LA가 선정되기를 내심 기대했는데 조금은 아쉬웠다.

2017년 대구에서 열리는 제2회 '대한민국 연극제'에는 LA를 대표하는 극단도 참가하여 그 뜨거운 대한민국 연극 열전의 열기를 함께 느끼며 더불어 동포 사회 연극계가 진일보할 수 있는 계기가 되길 꿈꿔 본다.

마당놀이 미주 첫 나들이
공연 하루 전 비자 해결

MBC 마당놀이 「심청전」

　　　　　매년 찬바람이 불어오는 가을이면 고국에서 들려오는 공연 소식 가운데 구수한 입담과 풍자가 일품인 '미추'의 마당놀이 공연을 뺄 수가 없다. 전설의 3인방이라 불리는 윤문식, 김성녀, 김종엽의 신명 나고 맛깔스러운 연기와 '미추' 단원들이 만들어내는 환상의 무대는 해마다 마당놀이 공연을 기다리는 수많은 팬으로 성황을 이루고 올해로 45주년을 맞게 된다.

마당놀이 〈행마전〉 1994년

　　　　마당놀이의 시작은 1974년 허규 선생이 계시던 극단 민예에 의해 「서울말뚝이(장소현/작, 손진책/연출)」를 공연하면서 장을 열었고,

1981년 「허생전」을 준비하면서 마당놀이 대중화 작업에 뜻을 같이한 문화방송과 극단 미추가 'MBC 마당놀이'라는 이름으로 정착시키면서 대중화 작업에도 성공한 MBC의 문화사업이었다.

그러나 20년간 마당놀이 공연을 공동 제작해 왔던 문화방송과 극단 미추가 서로 독점권 주장을 제기하면서 합의점을 찾지 못하고 서로 결별하여 지금은 각각 다른 장소에서 미추는 '마당놀이'라는 제목으로, MBC는 'MBC 마당놀이'라는 제목으로 공연을 하고 있다.

1994년 마당놀이 공연을 해외에도 소개하여 한국의 문화를 세계에 알리는 한류의 시발점으로 삼자는 취지 아래 문화방송과 극단 미추가 미주 3개 도시 순회 공연을 준비하고, 미국에 있는 주류 기획사에 순회 공연 전체 준비를 맡겼다. 그러나 어떤 연유에서인지 공연 3개월을 남겨둔 시기에 나의 사무실로 공연기획을 처음부터 다시 준비해 달라는 의뢰가 들어왔다.

60명이 넘는 대규모 공연단의 초청 공연을 불과 3개월여 앞두고 처음부터 다시 준비한다는 것은 경험상 불가능하다고 판단했다. 자칫하면 공연 사고로도 이어질 수 있기 때문이다. 그런데 MBC의 입장은 기획사를 바꿔서라도 진행해야 할 분위기였다. 우리 사무실은 다소 무리가 있는 공연인 줄 알면서도 오래간만에 대형 공연을 유치함으로 사무실의 위상도 높이고, 기획사의 자리 잡고 싶은 마음도 있어 일의 진행을 맡았다. 몸과 마음이 바쁘기 시작했다. 사무실에서 진행 중이던 몇 가지 기획 건은 중단한 채 마당놀이 공연 준비에 올인했다. 우선 급한 것은 장소 계약이다. 마당놀이 특성상 일반 공연장보다는 무대와 객석의 경계를 없애고 배우와 관객이 함께 참여하고 즐기기 위해서는 열린 공간의 원형 무대가 제격이기 때문에 체육관을 확보해야 하였다. 그래서 지금은 주님의영광교회로 바뀐 그랜드 올림픽 오디토리엄을 비롯하여 로스앤젤레스 스포츠 아레나, 대학 체육관 등 여러 곳을 알아보았으나 모두 다 예약이 되어있어 시간상으로 체육관 확보가 불가능했다.

우리는 장소 문제를 서울의 연출가 손진책 선생(현, 국립극단 예술감독)과 상의한 결과 일반 공연장 중에서도 스탠딩 공연이 가능한 윌셔가에 있는 윌톤극장(2,250석)으로 정하고, 배우들의 동선은 객석 출입구에서 무대로 이어지게 하여 열린 무대의 분위기를 그대로 살리기로 하였다.

처음으로 엘에이에서 열리는 마당놀이라는 소식이 타운에 전해지자 자녀들이 입장권을 구입하여 부모님께 드리는 효도 상품으로 소문이 나면서 좋은 좌석을 예약하기 위한 문의 전화로 사무실의 업무가 마비될 지경이었다.

이제는 비자 문제만 해결되면 대규모 공연을 처음으로 동포 사회에 소개할 수 있다는 자신감 속에 온 직원들이 막바지 준비에 여념이 없는데, 공연 1주일을 앞두고도 공연 비자 문제가 해결되지 않고 있다. 처음에 공연 기획을 준비했던 사무실의 서류 실수가 이렇게 큰 문제가 되어 현실로 다가오고 있었다. 만약 비자 문제로 말미암아 공연단이 미국에 오지 못하고 공연이 무산되는 경우에는 그에 따른 문제들은 너무나 크고 심각하다.

이제 남은 일주일을 전 직원들이 이민국 추가 서류 작업에 매달리며 당시 김창준 연방하원 사무실을 비롯한 도움을 받을 수 있는 단체에 우리 커뮤니티의 다급한 입장을 설명하고 협조를 부탁했다. 미국 시간 내일까지 비자 승인을 받지 못하면 자동으로 공연 사고로 이어질 수밖에 없는 긴박한 순간 속에서 우리는 물 한 모금 마시지 못한 채 사무실 팩스만 바라보고 있었다. 공연 하루 전에야 이민국에서 비자 승인을 알리는 배우, 스태프 명단들이 팩스를 통해 한두 사람씩 들어오고 있었다. 사무실 직원들은 일제히 환호를 지르고 박수를 치며 안도의 숨을 내쉬었다.

한편 서울의 김포공항에서는 아직 비자를 받지 못한 60여 명의 공연단이 초조하게 승인 나기만을 학수고대하며 기다리던 중 비행기 탑승 몇 시간 전에야 공연 비자를 받았다는 소식에 다들 기뻐하면서도 반신반의하는 듯했다.

무사히 미국에 입국한 공연단은 용기백배하여 마당놀이에서만 표현할 수 있는 높은 것들, 잘난 것들을 열심히 씹으면서 관객들과 함께 모든 스트레스를 활짝 날리며 한바탕 웃음으로 재미있는 공연을 즐길 수 있었다.

이후 마당놀이 공연은 인기 문화 브랜드가 되어 2000년 스포츠 아레나에서 「변학도 전」이 있었으며, 2002년 가을 그랜드올림픽 오디토리움에서 이덕화 주연의 「심청마마 납시요」를 『중앙일보』 미주 본사와 공동으로 주최하였다.

박정자와의 인연으로…
오래 기억에 남는 색다른 연극

연극 「피의 결혼」

극단 '자유'와의 인연은 연극배우 박정자로부터 시작된다. 1990년대 초 박정자의 연극, 「엄마는 오십에 바다를 발견했다」를 미주 지역에서 공연하기로 하고, 그 진행 과정을 박정자와 상의하던 시절이다. 어느 날 걸려온 전화 내용에 극단 '자유'가 베네수엘라 카라카스에서 열리는 국제 극예술협회 초청을 받아 총회 개막 공연으로 연극 「피의 결혼」을 가지고 참가하니 중간 기착지인 엘에이에서 공연을 유치해 보라는 내용이다. 항공권도 극단에서 준비하니 숙식과 단원들 선물이나 구입할 수 있는 정도의 출연료만 준비하면 유치할 수 있다는 얘기다.

공연에 참가하는 분들은 연극계의 대모 박정자를 비롯하여 박웅, 정동환과 탤런트 이휘향, 안진환, 박윤초 등 중견 연기자 20명에다 연출에는 중앙대 예대 학장이신 김정옥 교수가 맡으시고, 여기에 무대미술의 거장 이병복과 안무의 국수호가 이번 공연의 무대를 책임지고 계시니 이 공연이야말로 최고의 연극인들이 만들어 세계 연극제에 참가하는 작품이라는 점에 자신감을 얻으며 공연 유치를 결정했다. 장소는 한인들이 선호하는 윌셔이벨극장으로 정하였다.

그런데 라디오 광고 선전이 나간 지 며칠 지나지 않아 타운에서는 '북한 연극이 코리아 타운에 들어온 것 아니냐?'는 얘기가 돌기 시작한다. 작년에 초청되었던 「그것은 목탁 구멍 속에 작은 어두움이었습니다」를 공연할 당시에도 불교 연극이 들어왔다는 이야기가 화제가 되더니 이번에도 제목만 보고 북한 연극이라고 한다. 제목이 '피의 결혼'이니 제목에서 느껴지는 뉘앙스가 북한 사회를 연상할 수도 있겠다.

연극 「피의 결혼」은 20세기 스페인을 대표하는 시인이자 극작가 '페데리코 가르시아 로르카'의 희곡을 원작으로 한 작품이다. 1982년 극단 '자유'에 의해 초연된 「피의 결혼」은 그동안 여러 차례의 공연을 통하여 한국적 상황에 맞게 각색된 작품이다. 엘에이 공연에서도 보여주었듯이 탈과 인형, 한복 등 시각적 요소들 외에도 장례식, 함 팔기, 혼례식 등의 우리 관습을 통하여 스페인 극을 한국화시키는 작업에도 성공한 작품이기도 하다.

「피의 결혼」은 흥겨운 결혼식으로 시작되지만 첫날밤을 맞은 신부가 유부남인 옛 애인과 도주하고, 이들을 추적하던 신랑이 강가에서 조우해 피의 결투를 벌이다 서로 죽이고 죽는 치정 살인극이다. 자신이 약속한 사랑을 지키기 위해 두 남자에게서 하나의 사랑을 선택하지만 결국은 모두를 잃게 된다. 처음부터 이루어질 수 없는 사랑이라는 것을 알면서도 그 사랑을 따라야 했던 신부는 결국 어떤 사랑도 지키지 못한 채 모두에게 비극적 종말을 안겨주고 만다. 단순한 줄거리의 내용 같지만 아들을 잃은 어머니, 정부와 신랑의 비참한 죽음을 목격한 신부, 남편을 빼앗긴 또 다른 아내의 슬픔이 서로 교차되는 비극적인 작품이다.

연극 속의 명대사는 "왜 그런 짓을 저질렀냐?"라고 묻는 시어머니에게 "그래요, 난 다른 남자와 도망쳤어요. 당신(시어머니)도 내 입장이라면 그렇게 했을 거예요. 난 몸과 마음이 상처투성이로 가득 찬 불붙은 여자였어요. 그 불을 끄기에는 당신 아들은 너무나 미약했어요. 그는 한 사발의 물에 지나지 않았어요. 그와 나 사이에선 자식과 땅과 안락함을 기대할 수 있었겠죠. 하지만 다른 남자는 어두운 강물 위에 길게 가지를 드리운 갈대였어요. 그는 마치 갈대숲이 바람에 스치듯이 노래하며 제게 다가왔어요. 제가 천진난만한 아이 같은 당신 아들과 함께 강변을 거닐고 있을 때 그 남자는 수백 마리의 새를 날려 보내 제 앞길을 막았어요. 그 새들은 이 가련하고 시들어가는 여자의 상처 위에 서리를 내리게 했어요. 처음엔 저도 원치 않았어요. 잘 들어두세요. 제가 원치 않았다고요! 똑똑히 들으세요! 전 당신 아들을 선택했고, 그를 속이지 않았어요. 하지만 저돌적으로 다가오는 그 남자의 포옹이 나를 파도처럼 휩쓸어 버렸어요. 나를 영원히 영원히 휩쓸고 간 거예요!"라고 울부짖는 신부의 절규다.

시어머니 역의 박정자가 보여준 카리스마는 압권이었고, 이휘향

(신부 역), 정동환(사내 역), 박웅(신부 아버지 역) 등이 보여준 연기도 오래 기억에 남을 것 같다. 일부 관객들은 작품이 너무 무겁다고 평하는 분들도 계셨지만, 색다른 형식의 연극이라는 점에서 전체적으로 기대 이상이었다.

마지막 공연이 끝나고 커튼콜 시간이었다. 그 당시 SBS 시트콤 드라마 『LA 아리랑』 촬영차 엘에이에 머물고 계시던 탤런트 김세윤 선생이 무대 뒤로 나를 찾아와 신부 역을 맡았던 이휘향에게 무대에서 직접 꽃다발을 전달하고 싶단다. 그 말을 전해 들은 깐깐한 박정자는 "왜 탤런트가 남의 연극에서 생색을 내느냐"며 반대했지만, 김세윤은 무대 인사에서 드라마를 통해 아버지와 딸로 자주 출연을 하여 실제 딸의 연극을 보는 기분이라며 반갑게 재회하였다.

엘에이 공연을 마친 극단 '자유'는 이어서 베네수엘라 카라카스에서 열린 '국제 극예술협회 개막 총회'에서 「피의 결혼」을 공연하여 전 세계 연극 관계자들로부터 찬사를 받으며 국위를 선양하고 자랑스럽게 귀국하였다.

40명의 젊은이, 한여름 밤을 수놓다

연극 「OUR TOWN」(우리 읍내)」

　　　　　미국에서 공연기획자로서 첫 출발은 모임극회 친구들과의 만남에서 비롯된다.

　지금은 서울종합예술학교 연극영화과 학과장으로 계시는 김석만 교수가 1978년 이곳 대학생들과 함께 만든 극단이 '모임'이다. 모임극회가 10주년을 맞이하면서 무엇인가 의미 있고 특별한 작품을 발표해 보자는 자리에 기획자로 참여하면서 미주에서의 첫 작품이 된 것이 연극 「우리 읍내」이다.

　미국의 대표적인 극작가 손톤 와일더의 폴리쳐 수상 작품으로 1938년에 발표된 이후 지금까지도 미 전국의 중·고교 연극반에서 자주 무대에 올리어지는 미 현대연극의 효시라고 할 수 있는 작품이다.

　작품 내용은 1900년대 초 아주 평범한 읍내 사람들의 삶과 사랑 결혼 그리고 죽음이다.

　제1막에서는 '크로우버즈코오너'라는 작은 마을의 하루가 깁스 의사 가정과 웹 편집국장 가정을 중심으로 펼쳐진다. 제2막은 이 두 가정의 자녀인 조지와 에밀리가 보여주는 사랑과 결혼 이야기 그리고 이 연극의 하이라이트라 할 수 있는 제3막은 관객들의 마음을 아릿아릿하게 저미는 죽음 신으로, 살아있다는 것이 얼마나 아름답고 소중한 것인가를 보여주는 연극이다.

우리는 연출자 정호영 선배와 함께 20명 이상의 배우가 등장하는 이 연극에 모임극회 배우들로는 한계가 있다고 판단되어 무대를 오픈하고 엘에이에서 연극운동에 한 번이라도 참여했던 경험자를 대상으로 본격적인 배우 찾기에 들어갔다.

극 중 큰 비중을 차지하는 해설자(무대감독) 역에는 극단 서울 「맹진사 댁 경사」에서 새신랑 역을 맡았던 성우 출신의 한상혁을 찾을 수 있었고, 한국에서 연극배우로 오래 활동했던 석종민(현. 목사) 선배가 편집국장 역을, 또 그의 실제 아들인 크리스토퍼 석(현 LAPD 경찰관)에게 극 중 아들인 윌리 역을 맡겨 부자가 한 무대에서 연기를 보여주는 기회도 만들어 주었다.

또한 모임극회를 통해 세련된 연기로 인기를 누렸던 박진영, 이희경은 깁스 부부 역을, 남녀 주인공인 조지 깁스 역과 에밀리 역에는 미국 TV 드라마 『MASH』에도 출연한 바 있는 백광호와 그 당시 『한국일보』 문화부 기자(현 논설실장)였던 정숙희를 캐스팅하는 데 성공하였다. 워낙 많은 배우가 필요한 연극이라 스태프이면서 배우로도 뛰었던 단원들도 여러 명인데 조연출과 장의사 역에는 한대호, 무대미술과 윌리어드 교수 역에 박준성, 음악과 죽은 자 A 역에는 이종천 선배, 나도 기획 책임과 성가대 지휘자인 사이먼 스팀스 역을 맡으며 캐스팅을 끝낼 수 있었다.

우리는 이번 연극이 가족 연극인 점을 감안하여 공연 일시도 방학

기간인 8월 초로 잡고, 공연 장소도 윌셔이벨극장(1,270석)에서 3일 간 공연하는 기획안을 발표했다. 제작비가 전혀 준비되지 않았음에도 어디에서 그런 생각과 용기가 났는지…. 지금도 생각해 보면 연극에 대한 열정과 젊음이라는 이름 앞에 무모한 도전을 했던 것 같다.

그때 공연을 위해 열심히 후원했던 회원들의 면면을 살펴보면 현재 리버사이드 대학교수로 있는 장태환, 그의 형인 장사한(사진작가), 제임스 홍 변호사, 제임스 방 변호사, 최경, 김득권 CPA, 조영철 치과의사, 김영수(사업), 노재유(사업), 데이빗 신(사업), 이종석(사업), 구본후(사업), 박무영(한국 거주), 박대영(재불 사업가), 전신영(사업), 한광호(맹아선교단), 강용석(한국 거주), 허봉희(스튜디오 2000)

등이 열심히 이 공연을 후원하였다. 이들과는 35년이 지난 지금에도 만남을 통하여 따뜻한 우정을 지켜나가고 있다.

이제는 40명 이상이 참여하는 이 연극의 연습 장소를 구하는 일인데, 마땅한 장소가 없었다. 마침 목사님의 도움으로 피코와 알링턴에 위치한 미국 교회 건물에 주차장도 갖춰진 부속 건물이 있어 그곳을 연습 장소로 정하고 매일 저녁 7시면 다 같이 모여 자정 가까운 시간까지 진지한 연습을 계속하였다. 공연을 두 달 앞둔 6월 초쯤에는 진짜 작품 속의 동네인 크로우버즈 코어너즈 읍내 사람들이 되어가고 있었다.

이 지면을 빌려 그때 연습 장소를 제공해 주신 이정근 목사님(현 선교사)과 한인 크리스천 교인들에게도 감사의 인사를 전한다.

나는 6개월간의 긴 연습이 끝나가는 1988년 7월 29일, 『한국일보』 특집 지면을 통해 모임극회 10주년 기념 공연이라는 점과 그 당시 억울하게 옥살이를 하고 있는 '백광흠' 군을 돕기 위한 자선 공연이 라는 점, 또한 한인문화 활동사상 가장 많은 사람이 자발적으로 참 여하였다는 점 등을 강조하며 온 가족이 함께 관람해 이 순수한 뜻 이 담겨있는 연극을 함께 성공시키자는 막바지 홍보에 주력하였다. 그 내용이 기사화된 것은 당시 편집국장으로 계시던 민병용 국장의 배려와 그의 연극 사랑이 있었음을 밝혀둔다.

드디어 우리기 기다리던 공연 날이 밝아왔다. 지난 6개월에 걸친 우 리들의 정성이 꽃을 피웠는지 연일 몰려드는 관객들로 만원사례를 이 루면서 2,500명 동포가 이 연극을 관람하는 성과를 이루었다. 서울에 서 온 『중앙일보』 특파원 한 분은 해외 동포 사회에서도 이런 규모의 연극이 있다는 사실에 놀라워하며 공연 후 특집기사로 보도해 주었다.

우리는 뜻하였던 대로 공연에서 얻어진 전체 수익금을 '백광흠 구명 운동 본부'에 전달하였다. 40여 명의 젊은이가 6개월 동안 시간과 땀 을 흘려 만든 연극이 결과마저 좋으니 그동안 우리들의 고생은 눈 녹 듯 사라졌다. 많은 세월이 흐른 지금에도 그때의 연극 「우리 읍내」를 생각하면 우리 모두가 그 시절로 다시 돌아가고픈 한결같은 마음이다.

감동으로 준비하는 공연

국민배우 손숙의 「어머니」

　　　　　연극 「어머니」는 1999년 서울 정동극장 초연 당시 연극 연출가 이윤택과 배우 손숙의 만남으로 시작되었고, 손숙이 앞으로 20년간 이 작품에 출연할 것을 발표하여 화제가 되었던 작품이다. 2000년과 2001년 예술의 전당 공연에서는 전회 객석 점유율 90%라는 기록을 세우며 일약 국민연극이 되었다.

　1999년 5월 손숙은 러시아 「어머니」 초청 공연을 앞두고 김대중 정부로부터 환경부 장관으로 임명되었으나 그는 러시아와의 약속을 지키기 위해 공연을 감행하여 전 관객의 기립박수 속에 한국의 연극이 보편성을 갖고 세계인과도 만날 수 있음을 확인한 기회였으나 공연이 끝난 후 커튼콜에서 관객으로 온 한국 기업인들의 격려금이 문제가 되어 결국 「어머니」는 '장관 손숙'을 '배우 손숙'으로 다시 돌아오게 한 작품이 되었다.

　2013년 모노드라마 「나의 가장 나종지니인 것을」라는 작품으로 성공적인 LA 공연을 마쳤던 손숙이 두 번째 작품으로 에이콤에 추천할 만큼 연극 「어머니」에 대한 애착은 남다르다. 또한 이번 작품에 대본을 쓰고 연출한 이윤택은 이미 1992년에 화가 이중섭 일대기를 그린 연극 「길 떠나는 가족」으로 엘에이에서 공연하였기에 필자와는 두 번째 만남이다.

그는 일찍이 부산 중앙동의 가마골 소극장을 시작으로 연극 생활을 시작하였고, 자신의 희곡 「시민 K」, 「문제적 인간 연산」, 「오구」 등이 서울 무대에서도 호평을 받기 시작하며 한국적인 극양식을 개척하고 독특한 무대 미학을 구현해 이름을 알렸다. 이후 전국구급 극단으로 발전했던 '연희단 거리패'의 수장으로 국립극단 예술감독, 서울예대와 동국대 교수 등을 거치며 연극계에 엄청난 권위와 인지도를 지닌 연극연출가가 되었다.

「어머니」의 작품 내용은 이윤택 본인 어머니의 기억과 회상에서 영감을 받아 만든 작품으로, 일제강점기와 한국전쟁을 거쳐 분단의 현대사를 고스란히 살아내야 했던 우리 어머니들의 이야기를 절절히 그렸다. 남편의 바람기, 혹독한 시집살이, 자식의 죽음 등 수많은 시련을 겪어내고 감내해야 했던 아픔까지 생생히 담겨있는 연극이다.

손숙은 17년간 한결같이 연기해 온 작품 속 어머니 캐릭터를 통해

기존의 세련되고 지적인 이미지에서 탈피, 강한 생명력을 지닌 우리 시대의 어머니 모습을 보여주었다. 걸쭉한 경상도 사투리로 선보이는 입심과 유머 감각에 가슴 저미는 애절함을 표현해내는 몰입도 높은 연기력까지 더해져 관객의 마음을 단번에 사로잡았다. 출연진도 다채롭다. 무형문화재 제68호 백중놀이 예능 보유자인 하용부, 동아연극상 신인상 윤정섭, 동아연극상 여자연기상 김미숙, 김철영, 손청강, 김해선, 박정무, 조영근, 배보람, 홍민수, 박혜린, 변정원, 김영학 등 20명이다. 그 외 스태프들의 수고도 빼놓을 수 없다. 서울과 같은 완벽한 무대를 재현하고자 공연 일주일 전에 엘에이에 도착하여 무대를 꾸며주신 김경수 감독과 LA털보간판 에릭 장 사장의 수고도 잊을 수 없다. 손숙은 공연 후 무대에서 "죄송스러운 딸로서, 미안한 어머니로서, 연기인생 53주년 작품으로 선택한 「어머니」 LA 무대에 성원을 보내주신 여러분에게 진심으로 감사를 드린다"고 인사를 남겼다.

LA 공연을 마친 후 불과 몇 개월 지나지 않아 연극연출가 이윤택이 대한민국에서 사회적 문제가 된 미투 사건에 연루되어 7년형을 선고받고 현재 복역 중이라는 소식에 한 천재 예술가의 무너짐에 그저 안타까울 뿐이다.

최은희 여사 50주년 기념 헌정 공연

연극 「오! 마미」

1990년대 한인 사회는 계속되는 불경기의 여파로 문화계 역시 위축될 수밖에 없었다. 경기 침체, LA 폭동, 노스리지 지진 등 일련의 사건들이 우리의 마음을 얼어붙게 했다. 그러나 이처럼 어려운 상황 속에서도 연극인들의 활동은 계속되었고, 90년대 중반쯤에는 활기를 되찾아 많은 작품이 발표되면서 로스앤젤레스 한인 연극계는 그야말로 중흥기 시절을 맞고 있었다.

극단 '서울', '창조', '공간', '페이시스', '레퍼토리 92', '틴 오라마' 등 여러 극단이 각기 개성적인 작품들을 의욕적으로 공연하던 시절이다. 그 가운데서도 극단 '서울(대표: 주상현, 이효영)'은 본국에서 연극인, 탤런트, 성우, 연출가 등으로 활동했던, 무대 경험이 많은 분들을 중심으로 1987년에 창단된 동포 사회 대표적인 연극 단체이다.

극단 '서울'이 1997년 봄맞이 연극잔치를 기획하고 준비 단계에 들어가던 때에 우리는 이곳에서 거주하고 계시던 신상옥 감독과 최은희 여사를 만나게 된다. 우리가 알고 있듯이 신 감독과 최 여사는 1986년 북한에서 극적 탈출하여 오스트리아 빈을 거쳐 87년 미국으로 망명을 와서 그 당시 FBI의 보호를 받으며 엘에이 근교에서 생활하던 시절이다.

극단 '서울'과 잦은 교류가 이루어지면서 우리가 준비하던 봄맞이 연극축제에 최은희 여사가 참여하게 된다. 마침 1997년이 최은희 여사 연기인생 50주년을 맞이하는 해가 되어서 우리는 이번 공연을 최은희 무대인생 50주년을 기념하는 헌정 공연으로 정하였다.

엘에이 유명 극작가이신 장소현 선생이 희곡을 쓰고, 전 민중극단 대표이며 MBC 드라마 PD로 명성을 날렸던 이효영 선생이 연출을 맡기로 하였다. 얼마 후 장소현 선생이 완성한 희곡의 제목은 '할미새'였는데 중간에 '어머니 아리랑'으로 바뀌었다가 신상옥 감독의 제안으로 '오 마미'로 정했다. 신상옥 감독은 이번 연극에서 본인이 촬영한 영상과 6.25 기록 영화, 슬라이드 등의 영상 자료를 아낌없이 제공하였다.

이 연극은 6.25 때 삼팔선을 넘다가 안타깝게 헤어진 남편을 46년이 넘도록 일편단심으로 찾아 헤매는 한 여인의 기구한 인생을 통해 전쟁의 비인간성을 되새기고 민족 통일의 염원을 기원하는 연극이다.

최은희 여사가 주연으로 참여하는 연극이라는 소문 때문인지 공개 오디션 때에 예상외로 많은 연기자가 응모하여 연출을 비롯한 심사위원들이 1차, 2차를 거치고서야 캐스팅을 정리할 수 있었다.

그 당시 우리는 베버리와 버질 코너에 있는 문화 공간 '데이빗 아트 스페이스'에 저녁이면 모여서 문화 예술인들과 교류하던 시절이라 이곳이 이번 연극의 총본부 겸 연습 장소가 되었다. 5000 sf.의 넓은 공간에 다양한 문화행사를 치를 수 있는 타운 내 유일한 문화 공간이다. 이곳에서 매일 스태프, 배우 30여 명이 퇴근 후 모여서 연습을 하는데, 최은희 여사는 언제나 연습 시간보다 미리 오셔서 자리를 지키시고 단원들을 기다려 주는 모범을 보여 우리를 감동케 하였다.

　자타가 인정하는 대한민국 대표 예술인 최은희 여사의 소개는 이러하다. 1928년 경기도 광주에서 출생하였으며, 1944년 극단 '아랑'과 '신협'에 들어가 신인 여배우로 주목받기 시작했다. 1947년 신경균 감독의 「새로운 맹세」로 영화에 데뷔하였고 1949년 윤용규 감독의 「마음의 고향」에서 주연을 맡았다. 6.25 이후 신상옥 감독과 결혼하고, 「사랑방 손님과 어머니(1961년)」, 「열녀문(1962년)」, 「벙어리 삼룡이(1964년)」의 주연을 맡아 전통적인 한국 여성미를 지닌 여배우라는 찬사를 들었다.

　그밖에 「어느 여대생의 고백(1958년)」, 「동심초(1959년)」, 「로맨스 파파(1960년)」, 「베비장 전(1965년)」, 「청일전쟁」과 「여걸민비(1965년)」 등이 있다.

　3편의 영화를 감독했으며, 1972년 안양예술 고등학교를 설립하여 후진 양성에 힘쓰던 중 1978년 홍콩에서 북한으로 납치되었다가 1986년 신상옥 감독과 함께 오스트리아 빈에서 서방세계로 탈출하여 미국으로 망명한, 영화보다 더 영화 같은 삶을 사신 분이기도 하다.

　이렇듯 우리로서는 국민배우와 공연을 하는 만큼 그 명성에 누가 되지 않도록 공연 전반에 걸쳐 하나둘 점검해 나가기 시작했다. 공연 장소도 윌셔이벨극장(1,270석)으로 정하고, 1997년 2월 28일부터 3월 2일까지 공연 일정을 잡았다. 무대장치에 있어서나 조명, 음향, 플

랜을 짜는 데에도 한인 사회 최고의 스태프들과 함께 최고의 무대를 만들기에 여념들이 없었다. 공연은 철저한 연습주의자인 이효영 선생의 연출 아래 배우들은 각자의 배역에 몰입하며 극을 이끌어 나갔고, 특히 공연 하이라이트인 한·미 간의 화합된 장면의 연출을 위해 김동석 교수가 이끄는 사물놀이를 포함한 국악인 30여 명이 배우들과 함께 무대에서 신명 난 한판을 벌리며 극을 마무리하였다.

한편 우리는 공연 중에도 긴장의 끈을 놓지 않았다. 혹시나 모를 불순분자들의 돌발 행동을 염려했기 때문이다. 북한을 탈출한 지 10년이 지났어도 아직도 두 분은 북한으로부터 자유롭지 못한 때였고, 당시 사회 분위기도 그러하였다. 아무튼 다른 어려움 없이 최은희 여사 50주년 기념 공연은 축제 속에서 막을 내렸

다. 선생님이 연습장에서 보여준 모습이나 무대에서 보여준 모습을 보며 무엇이 배우의 전형이며 이상형인지를 알게 하였다.

몇 년 후 나는 고국 방문차 서울에 있을 때 마침 미국에서 한국으로 귀국한 신상옥 감독과 최은희 여사가 TV에 나와서 미국에서 망명 생활 이야기를 하던 중 엘에이 연극인들과 50주년 기념 공연 「오! 마미」를 미국에서 올린 것을 지금도 소중한 추억으로 간직한다는 방

송을 듣고 기획자로서 얼마나 기뻤는지 모른다.

공연이 끝난 후, 신상옥 감독과 최은희 여사는 베버리힐스에 있는 레스토랑으로 우리 전부를 초대하여 만찬을 베풀어 주시며 격려해 주시던 그때의 그 자상하던 모습을 떠올리면 아직도 그 위대한 예술가가 우리들 곁에 계시는 것만 같다.

빛나는 연기자
조경환이 들고 온 양반 부조리극

연극 「맹 진사 댁 경사」

연극 「맹 진사 댁 경사」 미주 공연이 이루어지기 까지에는 탤런트 조경환을 얘기하지 않을 수 없다.

친 엘에이 연예인으로 알려진 조경환은 그의 여동생이 엘에이에서 오래전부터 중식당, 용궁을 경영하고 있어 이곳을 자주 방문하였고, 주변에 가까운 지인들도 많이 있다.

조경환은 한양대학교 연극영화과를 졸업하고, 1969년 MBC 공채 1기 탤런트로 연기생활을 시작하여 1971년 한국 최초의 실화 수사극 『수사반장』에서 조 형사로 열연하면서 대중의 인기를 얻었다. 1982년에 대한민국 초등학생들의 우상이었던 『호랑이 선생님』에서 보여준 명연기로 국민적인 배우가 되었으며, 1989년 『무풍지대』, 1999년 『허준』 그리고 2000년대에 방영되었던 『이산』, 『누나』, 『욕망의 불꽃』, 『종합병원』 등에서 보여준 선 굵은 연기로 우리에게는 항상 편안하고 마음씨 좋은 아저씨의 이미지로 남아있는 연기자이다.

조경환과는 1998년 가수 조경수의 소개로 그가 운영하던 코리아 타운 일식당 '간빠이'에서 만났다. 조경환은 현재 연기자와 대학교

수직을 병행하며 생활하고 있는데, 전주시에 있는 우석대학교 연극영화과 학과장으로 일주일에 삼일은 서울과 전주를 왕복하며 바쁘게 지낸다고 한다. 마침 연극과 학생들을 중심으로 '우석레퍼토리'라는 극단을 창단했는데 창단 기념 공연으로 「맹 진사 댁 경사(오영진/작, 조경환/연출)」를 준비하고 한국 공연이 끝나는 대로 엘에이 공연을 추진하고 싶다는 계획을 밝히며 나에게 공연단을 초청해서 기획해 달라는 부탁이다.

나는 이곳의 열악한 연극 시장을 이야기하며, 이 공연의 성공을 위해서는 몇몇 이름 있는 연기자들이 작품에 함께 참여하면 좋을 것 같다는 나의 의견에 본인도 동의하면서 훗날 결정된 명단에는 학생 출연자 25명 외에 중견 연기자 김성옥, 김을동, 김성겸, 박상조, 박윤배를 참여시켰다. 누가 보아도 「맹 진사 댁 경사」에 잘 어울리는 캐스팅이다. 김성옥과 김을동은 그 당시 우석대학교 연극영화과 객원교수인 관계로 참여케 되었지만, 탤런트 김성겸, 박상조, 박윤배는 조경환의 인맥이 작용한 결과다.

사실 「맹 진사 댁 경사」는 연기자라면 누구나 한 번은 참여하고 싶어 하는 작품으로, 가장 한국적이면서도 세계 어디에 내어놓아도 손색이 없는 자랑스러운 작품이다.

신분사회였던 당시 돈으로

벼슬을 산 맹 진사 댁의 외동딸 갑분이와 벼슬 높고 재산 많은 도라 지골 김 판서 댁 자제인 미언이가 정혼하기로 집안끼리 약속하고 혼례식 날을 기다리던 차에 어느 날 도라지골 어느 선비가 맹 진사 댁에 머물게 된다. 그러나 그 선비는 뜻밖에도 미언이가 절름발이라는 깜짝 놀랄 소리를 한다. 그 말에 당사자인 갑분이는 죽어도 병신에게는 시집을 안 간다고 펄펄 뛰고, 세도가와 사돈이 되는 것도 좋지만 절름발이에게 시집을 보낼 수 없다고 생각한 맹 진사는 긴급 친족 회의를 열고 중론을 듣기로 한다. 그러나 누구 하나 선뜻 나서서 묘책을 내어놓는 사람이 없자 결국 맹 진사는 하녀 이쁜이를 갑분이 대신 바꿔치기해 시집 보내기로 한다. 이래서 결국 이쁜이는 갑분이가 되어 미언에게 시집가게 되었고, 갑분 아닌 갑분이는 문살골 친척 집으로 피신해 있었는데 이윽고 결혼식 날 신랑 행차와 함께 김 판서 댁 식구들이 들이닥친다. 그런데 병신이어야 할 신랑 미언이는 멀쩡하게 잘생긴 건강한 청년이 아닌가? 이에 놀란 맹 진사 댁 가족들은 하인을 시켜 갑분이를 데려오는 소동을 피우지만 이미 혼례는 끝나 버리고 신랑은 안절부절못하는 이쁜이에게 자기가 절름발이라고 한 것은 마음씨 고운 여인을 아내로 맞기 위한 기지였다면서 이쁜이를 아내로 맞을 것을 하객들에게 선포한다.

이 작품은 재벌가와 결혼을 꿈꾸며 권문세도만을 탐하는 양반의 부조리를 고발한 풍자 해학극이다. 우리나라 중학교 3년 교과서에도 '시집가는 날'로 실려 있을 만큼 대한민국 현대희곡에 이정표를 제시한 작품이다.

우리 동포 사회에서도 1987년 극단 '서울(공동 대표: 주상현, 이효영)'이 창단되면서 「맹 진사댁 경사」를 공연하였다(이효영/연출). 그 당시 탤런트 선우용녀가 엘에이에 식당을 하며 영주하던 시절이라 창단 공연에 참여하여 연기하던 기억이 새롭다.

'우석레퍼토리'의 초청 공연일인 1999년 12월 첫 번째 주말 월셔이 벨극장에서는 이쁜이와 미언이의 혼인 잔치를 축하해 주는 많은 관객과 함께 흥겨운 잔치 분위기 속에서 막을 올릴 수 있었다. 중견 연기자 다섯 분이 든든히 무대를 지켜주었고, 이쁜이 역을 맡은 학생 채국희(채시라 여동생)도 무대에 출연한 동료 학생들과 함께 춤추며 노래하며 극의 분위기를 열심히 이끌었다.

공연 다음 날 몇몇 연기자들은 먼저 귀국하고 조경환은 학생들과 함께 라스베이거스로 향했다. 연극영화과 학생들에게는 산 교육이나 다름없는 라스베이거스에서 볼 수 있는 다양한 특별 공연들을 관람시키고 싶은 학과장(조경환)의 배려였다.

그런데, 2012년 10월 중순, 조경환이 간암으로 갑자기 세상을 떠났다는 충격적인 부음 소식을 받고 한동안 정신을 차릴 수가 없었다. 아직도 왕성히 활동하실 수 있는 67세이시고, 일 년 전에 만났을 때도 건강하신 모습을 뵈었는데 너무 갑자기 세상을 떠나시니 인생무상이라는 말밖에는 달리 표현할 글이 없다.

봄비처럼 내릴 눈물의 이야기

악극 「홍도야 울지 마라」

　　　　　　　잊혀져 가는 우리 악극을 되살리자는 취지로 극단 '가교(대표: 김진태)'와 SBS 서울방송이 1993년에 기획하여 무대에 올린 「번지 없는 주막」이 예상외로 30만 관객을 동원하며 전국에 '악극' 바람을 일으키자 이에 고무된 '가교'와 SBS는 10년 세월에 걸쳐 「굳세어라 금순아」, 「비 내리는 고모령」, 「울고 넘는 박달재」, 「무너진 사랑탑」 등 12편의 악극을 시리즈로 발표하며 어엿한 공연예술의 대표적 장르로 자리 잡게 되었고, 주 관객층인 중·장년들의 문화적 갈등 해소에도 큰 몫을 담당하였다.

　이렇듯 악극이 대중화에 성공한 이면에는 오랜 세월 '가교'를 지켜 온 단원들과 함께 고락을 같이하며 악극의 현대화 작업에 앞장섰던 연극계의 영원한 선생 김상열, 그리고 힘들고 외로웠던 시절에도 극장을 떠나지 않았던 우리 시대 최고의 광대들인 최주봉, 윤문식, 박인환, 김진태, 양재성 등이 만들어 놓은 결과다. 이 악극 바람을 타고 '대한민국 악극 보존회(회장: 허인호)'가 생기게 되고, 극단 '신시'에서도 「아버님 전상서」, 「애수의 소야곡」, 「용두산 엘레지」 등을 발표하였다. MBC 문화방송도 신파극 「모정의 세월」을 공연했으며, 해마다 다른 신파극을 무대에 올리곤 한다.

1996년 봄 극단 '가교'는 전국에서 공연 요청이 쇄도하는 바쁜 가운데서도 극단 대표인 김진태 선생의 결정으로 미주 공연 길에 올랐다. 악극으로는 처음 샌프란시스코, 엘에이, 뉴욕으로 이어지는 미주 순회 공연이다.

전용 버스에 「홍도야 울지 마라」 배너를 달고 샌프란시스코를 거쳐 엘에이 코리아타운 팬 사인회 행사장에 도착하니 광고를 듣고 미리 와있던 동포들은 버스에 달려있는 「홍도야 울지 마라」 배너를 보고 그 옛날 유랑극단 단원들이 엘에이에 도착했다고 반갑게 맞아주었다. 드라마 『왕룽일가』에서 쿠웨이트 박으로 인기를 얻은 최주봉을 비롯하여 연기자 박인환, 윤문식, 김진태 등을 알

아보고는 사인 공세와 함께 기념촬영을 하느라 예정된 저녁 환영회 행사가 지연되고 말았다.

타운에서는 본국 유명 배우들이 출연하여 성공한 악극이라는 소문 때문인지 부모님을 모시고 온 가족이 관람하겠다는 분들도 많았고, 노인회와 향우회에서는 단체 관람을 할 터이니 할인을 해달라는 전화도 많았다. 공연 특성상 대부분의 관객들이 노인분들인 관계로 차량이 준비 안 되는 일부 단체 관람객을 위하여 토요일 첫 회 공연

(오후 3시 월셔이벨극장) 때에는 버스 편을 제공하기도 하였다.

50, 60년대에 악극을 처음 접하고는 수십 년만에 처음이라는 우리 부모님들의 추억과 설렘 속에 눈물 없이는 볼 수 없다는 악극 「홍도야 울지 마라」의 이야기는 이렇게 시작되었다.

때는 일제치하의 암흑기 시절, 아버지의 사업 실패로 홍도의 오빠 철수는 학업을 중단한 채 실의에 빠져 방황하고 있을 때 홍도는 오빠의 학비를 위해서 기생집 청운각에 나가게 된다. 홍도는 그곳에서 운명처럼 한 남자를 만나게 되는데, 장한 갑부의 외아들이며 동경 유학생이던 오빠의 친구 광호였다. 두 사람은 서로 사랑을 하게 되고, 광호는 그 당시 동생의 친구 혜숙이라는 약혼자가 이미 있었지만 홍도를 너무나 사랑하였기에 집안의 반대를 무릅쓰고 결혼을 한다.
행복한 가정을 꿈꾸었던 홍도는 포악한 시어머니와 간교한 시누이에게 온갖 구박을 받게 되는데 어느 날 광호가 중국으로 유학을 떠나자 모녀의 구박은 더욱 심해진다. 광호가 홍도에게 보낸 편지는 감쪽같이 숨기고 엉뚱한 이야기로 바뀐 가짜 편지를 전해주는가 하면 홍도가 부정한 여자라고 소문을 퍼트린다.
이 이야기를 들은 시아버지마저 홍도를 외면하자 홍도는 눈물을 흘리며 집을 나간다. 이후 광호는 귀국하였고, 모든 것이 꾸며진 음모라는 사실을 모르는 채 혜숙과 결혼을 서두르는데 홍도는 시집에 남겨둔 아기가 너무 보고 싶어 찾아갔다가 이 모든 일이 꾸며진 이야기라며 자신의 결백을 호소하는데도 시어머니, 시누이 그리고 약혼녀인 혜숙까지 합세하여 부정한 여자로 몰아가자 이성을 잃은 홍도는 혜숙을 칼로 찌르는 살인을 저지르게 된다. 그리고 그 소식을 들고 나타난 사람은 순사가 된 홍도의 오빠 철수였다. 홍도는 오빠가 내미는 포승줄에 묶여 살인자로 연행되면서 이 비극적인 이야기는 막을 내린다.

극 중 사이사이에 가슴을 파고드는 그때 그 시절의 노래, 화려한 춤 그리고 그 시절에 맞게 복원된 완벽한 무대, 빠른 장면 전환, 다채로운 볼거리 등은 그동안 신파극의 현대화 작업을 통하여 재탄생시킨 연출 김상열의 집념의 결과다. 관객들은 시간 내내 울렁거리는 가슴을 주체할 수 없어 결국에는 두 눈에서 뜨거운 눈물을 흘리는 것을 보았다.

미주 순회 공연 이후 많은 시간이 흐른 지금, 극단 '가교' 단원들은 오늘도 변함없이 악극을 이어가고 있는데 연출 김상열 선생과 홍도 남편 역의 태민영의 모습은 보이질 않는다. 두 분은 이미 이 세상 사람이 아니었다. 너무 일찍 세상을 떠난 그분들이었기에 지금도 악극을 생각하면 그분들이 떠오른다.

연극 「장수상회」

부모님 등에 파스 한 장

할머니가 고개를 젖히며 깔깔깔 웃으셨습니다. 할아버지가 고개를 떨구며 조용히 눈물을 훔치시기도 했죠. 지난달 30일 월셔이벨극장 무대에 오른 연극 「장수상회」 객석의 풍경이에요.

국민배우 신구와 손숙 주연의 「장수상회」는 까칠한 노신사 '김성칠'과 소녀 같은 꽃집 여인 '임금님'의 가슴 따뜻한 사랑 이야기를 다룬 황혼 로맨스죠. 사랑 앞에서는 나이를 불문하고 소년, 소녀가 되는 연애 초보들의 설렘 가득한 모습은 관객들에게 감동을 선사하기에 부족함이 없었어요. 물론 배우들의 탄탄한 연기력은 극에 몰입도를 높이며 관객을 웃기고 울렸죠.

사실 할머니, 할아버지들이

그렇게 신나게 웃는 모습을 보는 것은 오랜만인 것 같았어요. 그들이 공감할 수 있는 내용이었던 거죠. 특히 극 중에서 할머니와 할아버지들이 박장대소를 한 부분이 있었어요. 주인공 김성칠이 혼자서 등에 파스를 붙이는 방법을 임금님에게 가르쳐 주는 부분이었죠. 간단하게 설명하자면 파스를 접착 면이 위로 향하게 바닥에 두고 그 위에 몸을 잘 맞춰서 누우면 등에 딱하고 달라붙는다는 거죠. 사실 제가 보기에는 별것 아닌 에피소드였어요. 근데 할머니, 할아버지들이 참을 수 없을 만큼 재미있다며 배꼽을 잡고 웃으시는 거예요. 다들 그런 경험이 한 번씩은 있었다는 듯한 분위기였죠. 연극이 아니라 그렇게 신나게 웃으시는 모습을 보며 저도 따라 웃었죠.

사실 어찌 보면 '웃픈' 이야기에요. 재밌게 웃어넘겼지만, 등에 파스 하나 붙여줄 가족이 옆에 없다는 게 현실이니까요.

연극이 중반을 넘기면서 웃음 가득하던 객석의 분위기가 무겁게 내려앉았어요. 치매 문제를 끄집어내면서죠. 객석 곳곳에서는 눈물을 훔치는 모습이 보였어요. 연극이 끝난 후 나가고 있는데 한 할머니가 옆의 친구에게 하는 말이 들리더군요. "우리가 앞으로 그렇게 될 거라고 그렇게 살 거라고 미리 얘기해 주는 거야."

치매는 남의 일이 아니죠. 노인들이 겪고 있는 또는 겪어야 할 문제고, 그리고 늙어가는 부모를 바라보는 자식들의 걱정이기도 하죠.

인구의 고령화로 치매는 피해갈 수 없는 문제가 됐어요. 국제알츠하이머협회에 따르면 세계 치매 인구는 2015년 기준 5,000만 명에 달하는 것으로 집계됐고, 2030년에는 7,469만 명, 2050년에는 1억 3,145명에 육박할 것으로 예측하고 있으니까요. 현재 한국은 65세

이상의 노인 인구 10명 중 1명이 치매를 앓고 있다고 하네요.

　우리 주변을 보면 홀로 계신 노인분들이 많아요. 치매 문제로 연로한 부모님을 걱정하는 자식들도 적지 않죠. 저 역시도 예전보다 깜빡깜빡 자주 하시는 부모님을 보면 걱정이 앞서니까요. 사실 치매 문제는 제도적인 지원이 필요한 문제예요. 자기 스스로 또는 자식들이 혼자 해결할 수 있는 문제만은 아니죠.

　하지만 우리가 할 수 있는 일이 없는 것만은 아니에요. 관심과 배려 그리고 사랑이죠. 이번 연말, 부모님 등에 시원한 파스 한 장 붙여 드려보면 어떨까요? 그러면 연극 때보다 더 크고 행복한 부모님의 웃음을 볼 수 있지 않을까요.

오수연(『중앙일보』 문화 담당 차장)

목소리에 울고 웃고

변사극 「이수일과 심순애」

변사란 무성영화 시대의 해설자다. 무대 옆에서 스크린에 맞춰 출연자들의 대화를 혼자 다 해내며 해설까지 곁들어 주는 사람이다.

세계 어디에서도 찾아볼 수 없는 독특한 장르인 무성영화 변사 이야기를 하자면 우선 그 역사적 배경을 알아야겠다. 1910년 일제 강제 병합 이후 일본 제국주의 총칼 아래 우리말, 우리글, 우리의 문화를 빼앗긴 암울했던 그 시절, 서대문 동양극장에서의 활동사진 돌아가는 소리는 그 시대 사람들에게는 크나큰 위안이었다. 그러나 음악 소리와 간단한 음향 소리만 들려오니 관객은 답답하였다. 그 당시 대사녹음 기술도 없었고, 자막처리 기술도 없었으니 어쩌랴? 간혹 대사 대신 아주 가끔씩 글자가 나오긴 했으나 꼬부랑 서양 글씨를 누가 알겠는가? 그리하여 궁여지책으로 극장 측에서 입담 좋은 배우를 뽑아서 활동 사진 해설을 시키게 되었으니 그것이 무성영화 변사극의 시작이었다.

변사의 등장으로 무성영화는 장안의 화제가 되었고, 관객은 변사의 감칠맛 나는 해설에 매료되었다. 변사가 웃기면 객석은 웃음바다가 되고, 변사가 흐느끼면 객석은 눈물바다가 되었다. 심지어 누가 변사를 맡느냐에 따라 흥행에 지대한 영향을 미칠 정도로 변사의 역할은 중요하였다. 그러나 그렇게 한 시대를 풍미했던 변사도 해방 이후 영화 제작 기술의 발달로 대사녹음이 되고, 한글 자막처리가 가능해지면서 더 이상 존재의 의미가 없어지고 자취를 감추게 되었다.

현재 우리나라 무성영화는 「검사와 여선생」 단 한 편뿐이며, 이 시대의 마지막 변사로는 신출 선생이 생존해 계실 뿐이다. 이렇듯 우리들의 기억 속에서 잊히어졌던 흑백 무성영화가 몇몇 문화인들 손에서 다시 제작되었는데 그들이 전유성, 최영준이었다.

1988년 가을, 전유성 형에게 전화를 받았다. "내가 필름 연출을 해서 변사극 「이수일과 심순애」를 현대 감각에 맞춰 재미있게 만들었는데 미주에서 공연해 보면 어떻겠냐?" 라는 전화였다. 자료 속의 영상 캐스트를 보니 화려하다. 필름을 연출한 전유성을 중심으로 변사 최영준, 개그맨 심형래, 이창훈, 연극배우 김진구, 정재진, 이도형, 정규수, 황병도, 가수 이문세, 김수철, 영화감독 이규형, 모델 장기숙, 이재희 등 각계각층의 문화 예술인들이 스크린 속에 포진돼 있었다. 역시 연예계의 마당발 전유성 형의 폭넓은 인맥이 동원된 작품이었다.

1990년 5월, 월셔이벨극장에서 처음으로 변사 공연이 이루어졌는데 객석의 관객들은 어딘가 표정이 어색하고 한쪽에서는 웅성거리는 소리도 들린다. 변사극의 개념을 잘 모르는 일부 관객들은 신문, 라디오 광고 속의 영상 캐스트가 모두 무대에서 연기를 보여줄 것으로 기대하고 공연장을 찾았는데 막상 무대를 보니 스크린 하나, 낡은 책상, 마이크 하나, 뒤편에 영사기 하나만 달랑 놓여있으니 썰렁했던 모양이다.

막간 가수의 노래가 끝나고 동그란 안경에 콧수염을 단 변사 최영준이 등장하여 열네 명의 스크린 속 배우들보다도 더 실감 나게 목소리 연기를 하는 변사 연기에 관객들은 빠져들기 시작했다. 마지막 장면인 이수일이 금고 속의 돈을 뿌리며 순애를 저주하는 장면에서는 같이 안타까워하고, 심순애가 은장도를 꺼내 자신의 가슴을 찌르는 장면에서는 함께 울며 이민 생활에서 오는 외로움을 변사극과 함께 해소할 수 있었다.

내가 작년 오월, 서울 방문길에 최영준을 만났을 때, 마침 문화체육관광부산하 '한국 영상 자료원'에서 1편 남아있는 「검사와 여선생」을 가지고 '찾아가는 영화관'이라는 제목 아래 전국 문화 소외 지역 순회 공연을 하고 있었다.

인천 공연 때 우리는 같이 자리를 하면서 「검사와 여선생」 미주 순회 공연에 대해서도 의견을 주고받았다.

최영준은 1976년 연극 「관객모독」으로 데뷔하여 모노드라마 「약장수」, 「팔불출」 등을 연기한 연극배우이다. 1990년 KBS 개그맨으로도 활동하며 『유머 일 번지』, 『코미디 세상만사』, 『내 고향 6시』 등에서 보여준 독특한 연기를 기억하고 있다. 또한 음반을 6장이나 낸 가수로도 활동하는데 『한국을 빛낸 100명의 위인들』과 『한국을 빛낸 태극 전사들』의 음반은 나라사랑 노랫말상을 수상하기도 했다.

연극배우, 개그맨, 가수, MC, 방송 DJ 등 여러 장르를 넘나드는 만능 엔터테이너 최영준은 20년을 진행하던 교통방송 『최영준의 브라보 마이웨이』 진행을 개그맨 송영길에게 넘기고 화가(저서: 『내가 피카소 할배이다』, 김영사 발행)로 변신하였다. 새로운 세계에 도전하는 그의 모습이 아름답게 보인다.

타운 최초 디너 연극…

연극 「돌아서서 떠나라」

　　　　　LA에서 공연된 초청 연극 「불 좀 꺼주세요」와 「그 것은 목탁 구멍 속의 작은 어두움이었습니다」 두 편의 연극을 통해서 이곳 연극 팬들에게도 잘 알려진 배우 최정우가 이곳에서 1년가량 체류하던 1997년 봄, 그때 우리는 만나면 연극 이야기로 시작해서 연극 이야기로 끝나곤 했다. 그러던 어느 날 최정우는 한국에서 동아연극대상과 남녀 주연상을 휩쓴 작품성 높은 「돌아서서 떠나라」를 LA 무대에 한번 올려보면 어떻겠냐는 생각을 물어왔다. 본인도 한국에서 이 작품에 출연했기에 여자 채희주 역만 찾게 되면 연극을 쉽게 올릴 수 있다는 최정우의 권유에 우리는 지체함 없이 제작 준비에 들어갔다. 여자 상대역 채희주를 찾던 중 무대 경험도 많고 정확한 표준 언어를 구사하는 방송인 고영주를 캐스팅하게 되었다. 그 당시 『동네방네 쇼』라는 방송 프로그램을 진행하면서 인기를 얻고 있던 때라 극 중 남자배우 상대역으로 적격이라 생각되었다.

　5월 공연을 목표로 장소를 물색하던 중 이번에는 무언가 색다른 형식의 연극을 시도해 보자는 생각을 하게 되었다. 그동안 항상 해오던 극장 무대 공연을 벗어나 야외에서 그것도 디너 연극으로 꾸며보면 어떨까 하는 생각이 들었다. 즉시 타운 내 실외에서 공연할 수 있는 장소를 물색하러 다니던 중 해바라기 이광준이 디너 콘서트가 열었던 가든 스위트호텔 2층 테라스가 생각이 났다. 야외 공간인 이곳에다 무대를 만들고 조명·음향 시설이 들어가면 회당 200명 좌석은 확보될 수 있고, 아주 이색적인 장소에서 밤하늘 총총한 별들을 바라보며 연극을 관람할 수 있다는 황홀한 상상에 마음은 벌써부터 들뜨기 시작했다. 타운 최초 디너 연극 공연 장소가 결정되는 순간이다. 우리는 5월 8일부터 11일까지 4회 공연을 올리기로 하고 처음으로 야외에 연극 무대가 설치되는 만큼 바람을 타고 소리가 분산되는 문제점을 해결하기 위해 소음을 차단시킬 수 있는 펜스를 높게 설치하는 등 공연 준비에 만전을 기하며 바쁜 시간을 보낼 때 약속대로 서울에서 작가 이만희가 합류케 되어 우리는 기쁘게 연극 막바지 작업에 전념할 수 있었다.

이 작품은 조직폭력배 보스와 여의사와의 이룰 수 없는 애틋하고도 절절한 사랑을 그린 작품으로 결국 여의사는 수녀가 되고, 조직폭력배 보스는 사형장으로 끌려간다는 내용이다.

5월 초순 다소 쌀쌀한 바람이 불기도 하였던 주말 저녁, 디너를 끝낸 관객들은 야외에서 펼쳐지는 2인극 「돌아서서 떠나라」 작품 속으로 한참 빠져들고, 남자주인공 공상두의 "다른 사람을 사귀는 것만이 배신이 아냐. 네 마음속에 나를 지워버리는 것도 내게는 배신이야."라는 명대사가 끝나려는 순간 갑자기 웨스턴 거리에서 누군가를 추격하는 경찰차량의 요란한 사이렌 소리가 들림과 동시에 대사전달이 생명인 연극이 한순간 중단되는 아찔한 상황이 눈앞에 펼쳐졌다. 그 상황에서도 당황하지 않고 연극을 이어간 두 배우의 침착한 연기가 더욱더 돋보이는 순간이기도 하였다. 타운 최초 디너 연극 「돌아서서 떠나라」는 이렇게 4일간 800명의 관객을 동원시키며 많은 에피소드 속에 만들어진 연극이었다.

다음 해 「돌아
서서 떠나라」가
시나리오 작업
을 통하여 한국
영화 대박 신화
를 낳은 「약속(주
연 박신양, 전도
연)」의 탄생도 우

리가 공연을 준비하고 있던 때다. 연극 연습이 한창이던 4월 중순 영
화감독 김유진이 LA로 작가 이만희를 찾아왔다. 한 2주가량 LA에
머물면서 작가와 시나리오 초안 작업을 하더니 곧 서울로 돌아가 영
화제작에 착수하고 영화 「약속」을 탄생시켰으니 우리들의 느낌은 남
다를 수밖에 없었다.

지금 한국에서는 이만희 교수의 영화 대본을 받기 위해 제작자들
이 꽤 많은 비용을 지불하면서 몇 년씩 기다려야 한다는 이야기는
이미 대학로에서 여러 번 들었다.

2012년 현재 작가 이만희는 동국대학교 국문과 교수로 재직하며
여전히 대한민국 최고의 희곡 작가, 시나리오 작가로 활동하고 있으
며, 최정우는 TV 드라마와 영화를 통해 현재 최고의 전성기를 누리
고 있다. 채희주 역의 고영주도 최근 할리우드 영화계 진출이 이루어
졌으며, 여전히 방송을 통해 그녀의 목소리를 들을 수 있다.

시골 장터서 얼쑤 한마당

연극 「장날」

　　　　　　　"어디로 가려느냐? 어느 장으로 가볼 거냐! 이장, 저장에 간장, 된장, 고추장, 초장, 쌈장에, 청국장, 난장, 대목장 다 버리고 전통장에 왔소이다. 운수대통, 만사형통, 전통장에서 만나보세."

　소리극 「장날」의 앞부분에 나오는 대사이다. 떠돌이 광대가 카수 마누라를 앞세우고 오일장이 열리는 전국의 시골 장터를 찾아다니며 그들의 인생유전을 장타령, 판소리 등과 함께 늘어놓는다. 때로는 얼음산이 되어 줄꾼과 변사, 약장수, 엿장수, 동동 구루무 장수 등으로 퍼포먼스를 하며 시골 장터 사람들에게 공연을 하고 다닐 때 KBS에서 이 부부 이야기를 1988년 논픽션 드라마 '장날'이란 제목으로 소개하여 방영되면서 세상에 알려지기 시작하였다.

　그 후 극장에서 영화 상영 전 보여주는 대한뉴스에 장날 공연이 소개되고, SBS 심야 인기 프로인 『자니윤 쇼』에 여러 번 출연하면서 부부는 일약 유명인사가 된다. 또한 장날 퍼포먼스가 희곡 작가와 연출가의 손을 거쳐 연극 「장날」로 새롭게 태어나고, 서울을 비롯한 지방 극장에서 공연이 500회쯤 이루어졌을 때 개그맨 전유성 형의 추천으로 이들을 만나게 되었다.

　마침 고국의 체취를 느낄 수 있는 공연을 찾고 있던 우리들에게는 좋은 기회라 생각하고 1992년 미주 순회 공연 계약을 하였다. 그런데 문제는 비자 신청에서부터 발생했다. 미국 비자를 신청하기 위해 필수사항인 세금납부서, 재산증명서 등이 있어야 하는데 어느 것 하나 가난한 연극쟁이 부부에게는 준비가 되지 않았다. 결국 비자를 받지 못하고 순회 공연은 안타깝게 연기되었다. 미국 비자를 받지 못해 의기소침해 있던 박채규가 어느 날 술을 잔뜩 먹고 미국으로 전화를 하였다. "이 대표님, 저 지금 인천 앞바다에 와있습니다. 뗏목을 타고서라도 그곳으로 가려고 합니다.「장날」공연 예정대로 올립시다."라는 약간의 술주정이 들어간 하소연이었다. 얼마나 미국 공연이 간절했으면 술주정을 통해서라도 본인의 심정을 전하고 위로받고 싶었을까? 미주 초청 공연이 활발하지 못했던 그 당시 미국 공연 비자 문제로 문화, 예술인들이 비일비재로 겪어야만 했던 현실이었다.

2년 후 1994년 우리는 다시 초청 공연을 준비하고 정식 공연 비자를 미국에서 신청하였다. 이민국에서 요구하는 공연 비자 서류들을 빠짐없이 준비하여 제출하였더니 드디어 미국에서 1개월 체류할 수

있는 공연 비자를 받을 수 있었다. 그날 저녁 박채규는 감사하다는 인사를 계속하며 좋은 공연으로 보답하겠다는 기쁜 음성을 지금도 기억하고 있다.

그해 5월 우리는 예정대로 엘에이 한국문화센터 1주일 공연을 시작으로 중서부 동부지역 공연에 들어갔다. 동포사회 형성 이래 초청공연은 처음이라는 도시도 있었다. 매회 공연 때마다 웃고 울고 박수치며 마지막 무대인사 때에는 무대 위로 뛰어올라 포옹하며 이별을 아쉬워하는 동포들의 모습을 보면서 역시 우리 정서에 맞는 공연이 인기라는 것을 확인시켜 주었다.

중서부 지역의 공연은 예정대로 잘 마무리되었는데 마지막 지역인 뉴욕 공연에서 문제가 일어났다. 공연을 잘 마치고도 약속한 출연료를 받지 못하는 황당한 일이 일어났다. 뉴욕 공연을 초청한 모 단체장이 공연 후 잠적을 하면서 우리를 난감하게 만들었다. 미주 공연을 추진하면서 중서부 지역은 우리 사무실에서 계약하여 이루어졌고, 뉴욕 지역은 박채규가 지인의 소개로 서류 계약도 없이 구두로만 이루어진 것이 문제가 되고 말았다. 할 수 없이 뉴욕 출연료를 포기하고 우리 사무실에서 해결하는 것으로 마무리 짓고 엘에이로 돌아가자는 나의 의견에 박채규 부부는 한사코 장돌뱅이의 오기를 확실히 보여주고 모든 것을 해결한 후 돌아가겠다는 그들의 고집에 다소 걱정도 하며 엘에이로 돌아왔는데 이틀 후 만났을 때는 환한 웃음을 지으며 출연료에다 보너스까지 두둑이 받아 왔단다. 아무튼 장날 부부의 오기에 뉴욕 단체장도 두 손 두 발 다 들고 정중히 사과까지 받아냈단다. 그 당시 동포 사회 공연 때마다 간혹 일어나는 현상이다.

그 후 장날 부부는 2006년에 오렌지카운티 한인 축제 때 초청을 받아 그야말로 장터에서 한바탕 신나게 축제의 장을 펼치고, 공연 후에는 오픈카를 타고 퍼레이드에 참가하는 호사도 누렸다.

필자가 작년 서울 방문 당시 박채규 부부는 서울문화재단에서 서울시 재래시장 활성화 일환으로 추진하는 25개 재래시장 순회공연을 하고 있었다.

장터에서 시작하여 세상에 알려지기 시작한 「장날」의 주인공 박채규는 한때 SBS 개그맨으로 특채되어 한때 활동도 하면서 유명세도 많이 탔지만, 역시 그들의 마음의 고향인 장터에서 큰 웃음과 행복을 선사할 때의 모습이 가장 좋아 보이고 멋져 보인다.

이 시대 청춘 할배들 다 모여라

연극 「할배열전」

　　　　　　　　　2019년 대한민국 연극대상 베스트 연극상을 수상한 연극 「할배열전」이 화려한 출연진으로 LA에 찾아왔다. "유쾌한 할배들, 은행 털러 남가주에 오다"라는 홍보 문구에 화제가 되기도 했던 이 연극은 2018년 한인 축제 때 소개되었던 연극 「싸가지 흥부전」을 제작한 시민극장과의 두 번째 작품이다.

　출연진들은 연극을 통해 한인 사회와 만남이 있었던 배우들이다. 양기백 역의 양재성과 그의 친구 도봉산 역의 최주봉은 이미 1996년 악극 「홍도야 울지 마라」를 통해 우리들에게 소개가 되었고, 차용달 역의 윤문식은 1994년 MBC 마당놀이 「심청전」과 싸가지 「흥부전」으로 우리와 친숙한 배우다. 연출은 배우 장나라 아버지로 더 유명한 주호성으로, 이들은 중앙대 연극영화과 동문들로 배우 박인환을 포함해 중대 5인방으로 널리 알려져 있으며 수많은 작품을 함께한 베테랑 배우들이다.

　극의 내용은 사업에 실패해서 자식들 집에 얹혀사는 기백(양재성)과 건물 관리인을 하면서 근근이 살아가는 봉산(최주봉), 지하 셋방에 살면서 경비 일을 하는 용달(윤문식)이 주인공이다. 봉산은 아내가 치매에 걸려 요양원에 있으며 본인 약값을 벌기도 힘든 삶에 지쳐 있고, 용달은 아들 사업에 퇴직금을 모두 내줬지만 사업 부도로 빈

털터리가 된 처지다. 이들은 은행을 털자는 황당한 계획을 세우고 이로 인해 좌충우돌 소동극을 벌이는 블랙 코미디 연극이었다.

연출가 주호성은 「할배열전」을 통해 우리 사회에서 점점 소외되고 있는 노인들에게 도전과 희망을 유쾌하면서도 따뜻하게 그려보고 싶었는데, 오랫동안 호흡을 맞춰 온 최주봉, 양재성, 윤문식의 앙상블과 더불어 무대 미술가 듀크 김의 수고로 극이 더 빛났다고 공연 후 소회를 밝혔다.

이번 연극은 5월 가정의 달을 맞이하여 스포츠서울과 공동으로 기획한 문화 행사였는데, 오랜만에 한인 사회 시니어들이 즐거운 시간을 가질 수 있어서 보람도 컸다. 앞으로도 장년들의 문화 감수성을 충족시켜 주는 좋은 작품들을 한인 사회에 계속 소개했으면 하는 바람이다.

35년 연기 인생 녹인 1인극

뮤지컬 「벽 속의 요정」

　　　　　연극인 김성녀는 1976년 극단 '민예'에서 공연한 「한네의 승천(오영진/작, 손진책/연출)」으로 연극무대에 첫발을 내디던 이후 지금까지 35년의 연기 인생에서 연극, 영화, TV 음악, 국악 등 다양한 장르를 넘나들며 각종 무대를 통해 배우의 이상형이 무엇인지를 자신 있게 보여준 연기자이다.

　그의 극단 이력을 살펴보면 1976년 극단 '민예'에 이어 1978년 '국립창극단', 1981년 '국립극단'을 거쳐 1988년 손진책, 윤문식, 김종엽 등과 함께 극단 '미추' 창단 동인으로 참여하면서 연극계에서 매력 있는 주연으로 든든하게 자리를 잡았고, 그 후 1992년 성균관대 사회교육원 연기과 주임교수를 시작으로 중앙대 국악대학 학장에 이르는 동안 교육 현장에서도 그가 남긴 공적도 만만치 않은 예술인이다.

　그러던 그가 2005년 6월 10일부터 7월 24일까지 PMC 프로덕션 (대표: 송승환)에서 기획한 '대한민국 여배우 시리즈'에 뮤지컬 모노드라마 「벽 속의 요정」으로 참가하게 된다. 창극, 악극, 마당놀이 등에서 우리에게 친숙한 김성녀는 30년 만에 처음으로 모노드라마에 도전해 보는 기회를 맞게 된다. 남편인 연출가 손진책도 이번 공연은 결혼 30주년을 맞이하는 아내에게 바치는 무대라는 뒷이야기는 연극계에서 잘 알려진 얘기다.

2007년 초 손진책 선생으로부터 엘에이 공연을 추진해 보지 않겠 냐는 제의가 들어왔을 때 나를 비롯한 사무실 스태프들의 의견은 찬 반론으로 양분되어 있었다. 고급 연극을 동포 사회에 소개한다는 명 분에서는 즐겁고 보람된 일이지만, 초청 여건이 만만치 않았다. 모노 드라마라고 하여도 20명이 넘는 단원들이 미국으로 와서 작품에 참 여해야만 완벽한 공연을 보여줄 수 있다는 것이다.

공연 비자에서부터 20여 명의 항공료, 출연료, 호텔, 식대, 극장 대관, 홍보비, 무대제작비, 관광 등 어느 것 하나 만만한 것이 없다. 예전에 있었던 초청 연극과는 달리 이 모든 경비를 현지 기획사에서 부담해야 할 입장이었다. 많은 반대 의견 속에서도 나는 서울에서 의 연일 매진 사례의 기록과 각종 매스컴을 통해 알려진 훌륭한 작 품성과 흥행성을 믿으며, 이곳에서도 그 열기를 타고 공연에 성공할 수 있을 거라는 생각 아래 2007년 3월 30일, 31일 윌셔 이벨극장 (1,270석)에서 2회 공연을 올리기로 서울 극단 측과 계약을 하였다.

우리는 3개월여 남은 준비 기간을 통해 「벽 속의 요정」 홍보에 전력 하며 KBS LA를 비롯한 언론사들의 협조를 받으며 이런저런 방법으 로 최선을 다했으나 모노드라마라는 장르가 아직 익숙하지 않았는 지, 연초라는 공연 시기도 작용했던 것인지 예상외로 이 연극의 바람 은 미풍에 그치고 공연 날은 다가오고 있었다.

작품 내용은 스페인 내전 당시의 실화를 토대로 한 원작을 극작가

배삼석이 우리 시대 상황에 맞게 각색하여 재구성한 이야기로, 아버지 없이 행상하는 어머니와 살던 딸아이는 항상 벽 속에 요정이 있다고 믿으며 숙녀로 성장한다. 그 과정에서 벽 속의 요정과 둘도 없는 친구가 된다. 나이가 들면서 소녀는 그 요정이 사망한 줄만 알았던 아버지라는 것을 서서히 알게 된다.

바로 좌·우익의 이념 대립 속에서 억울하게 반정부 인사로 몰리게 된 아버지가 사람들에게 쫓겨 벽 속으로 피신해 숨어 살게 된 것이다. 세월이 흘러 숙녀로 성장한 딸은 결혼하고 아버지는 마침내 사면 대상이 되어 세상의 빛을 보게 된다. 그때부터 아이 가족은 짧지만 행복한 삶을 누린다. 얼마 지나지 않아 아버지는 자신으로 인해 힘겨운 삶을 살아야 했던 어머니에게 용서를 구하고 세상을 떠난다.

그렇게 하나님께 용서를 빌라는 부인의 간곡한 부탁을 멀리한 채 "나는 하나님께 용서를 구하지 않아. 사람들, 당신한테 용서를 구할 뿐이지…. 용서해 줘. 희망을 버리지 않기를 정말 잘한 것 같아."라고 말한다.

김성녀는 다섯 살짜리 딸에서부터 60세가 넘은 유들유들한 중년 남성까지 1인 30인 역의 남녀 캐릭터를 완벽하게 연기하여 보는 이들을 경탄시켰다. 앞으로 볼 때는 아이였다가 뒤돌아보는 순간 아빠로 변하는 김성녀를 보면서 목소리와 표정만 바뀌는 정도가 아니라 순식간에 영혼이 이동하는 듯한 착각이 들 정도였다.

김성녀는 이 작품을 통하여 2005년 평론가 협회선정 '올해의 연극 베스트 3'에 선정되었고, '동아연극상 연기상'을 수상하였으며 2005년 '올해의 예술상'을 받는 기쁨을 누렸다. 또한 2011년에 공연 전문가 선정 '죽기 전에 봐야 할 공연 베스트 10'에 「벽 속의 요정」이 선정되기도 한다.

「벽 속의 요정」은 김성녀의 뛰어난 연기와 손진책의 완벽한 연출로 모노드라마의 전형을 이루었다는 찬사가 따른 작품이지만, 동포들의 관심이 적었다는 점에서 아쉬움이 많이 남는 공연이었다.

엘에이 공연은 기획사 입장에서 경제적인 손실은 있었으나 고급 연극을 소개했다는 자부심을 갖게 하였다. 객석의 관객들도 그칠 줄 모르는 기립박수로 훌륭한 연기에 화답해 주었다

그녀의 눈웃음에 남자들 쓰러지다!

방송연기자 연극 「배비장과 애랑이」

　　　　　　공연 기획 일에 오래 종사하다 보니 자연스럽게 만났던 연예인들과 직·간접적으로 교류를 가지는 시간이 많다. 서울 방문 시에도 친한 연예인들은 나를 위해 일부러 시간을 내어 정을 나누기도 하고, 그들이 미국에 올 때도 꼭 연락들을 하여 반가운 재회를 한다.

　중견 탤런트 김경하에게 연락을 받은 것은 2009년 신년 초였다. 그와는 2006년 SBS에서 인기리에 방영되었던 드라마 『연개소문(연출: 이종한)』 종영 기념 여행으로 미국에 방문하였을 때 이곳에 있는 뉴스타부동산 직장 축구 팀과 멕시코 연예인 팀의 친선 축구 대회를 엘에이 갤럭시 구장에서 개최해 준 인연이 있어 평상시에도 자주 소식을 주고받는 친한 탤런트다.

　그의 얘기는 연극을 사랑하는 탤런트들을 중심하여 극단(예터)을 창단했는데, 1년에 한편씩 올린 작품을 가지고 해외를 순방하며 연극을 통해서 동포들을 가까이서 만나는 프로젝트로써 창립 작품으로 우리의 고전 중에 「배비장과 애랑이」를 가지고 엘에이와 라스베이거스 공연을 생각하고 있으니 총 기획을 부탁한다는 얘기였다.
　그리고 이번에 참가하는 배우들은 동포들이 잘 아는 탤런트라 공연을 통해서 만나게 되면 더욱 반가울 것이고, 그중에 2~3명은 내가 잘 아는 탤런트란다.

　나중에 알려온 배우 명단을 보니 주인공 배비장 역의 원조얼짱 박윤배와 애랑이 역의 이일화를 얘기하는 것 같다. 박윤배는 1999년 (고) 조경환 선생이 「맹 진사 댁 경사」를 가지고 엘에이에서 공연할 때 만난 인연으로 지금까지도 형·동생 하는 사이이며, 이일화는 절친 가수 강인원의 전 부인이라 두 사람의 러브 스토리를 잘 아는 나로서는 그의 캐스팅이 누구보다 반가웠다.

　그 외 김상순, 심양홍, 김보미, 김경하, 손영춘 등이 이번 공연에 참가하는데 「배비장과 애랑이」에 잘 어울리는 배우들로 캐스팅되었다. 또한 무대 세트와 의상 소품 등은 KBS 협찬을 받을 수 있어 공연 진행이 한결 수월해졌다.

　재미있는 우리 고전 「배비장과 애랑이」의 극 내용은 제주 목사로 부임하는 사또 일행과 배비장이 우연히 애랑과 정비장의 이별 장면을 목격하게 되는데 애랑의 애교에 정비장이 자신의 옷과 정표로 치아까지 뽑아주는 것을 본 배비장은 자신은 절대로 여자에게 안 넘어간다며 큰소리치며 혼자 고고한 척 위선을 떨자 사또와 방자 애랑이가 계략을 짜서 베비장을 홀딱 발가벗겨 버린 해학과 풍자가 있는 스토리다.

　극은 모든 관속이 한라산으로 꽃놀이를 갔을 때 제주의 명기 애랑은 계획대로 배비장 앞에서 온갖 교태를 부리며 유혹하자 큰소리치던 배비장은 금방 애랑이와 사랑에 빠지고 결국은 상사병이 나고 만다.

어느 날 밤 배비장은 방자를 앞세우고 애랑을 찾았다가 애랑의 서방으로 꾸민 방자가 들어와 짜여진 대로 소란을 피우자 숨어있던 배비장은 한바탕 곤욕을 치르고 결국에는 사또 앞에서 망신을 당한다는 양반들의 이중성을 고발한 연극이다. 극 중 배비장이 치아를 뽑아 애랑에게 정표로 주는 장면이나 온몸을 던진 애랑의 연기는 이번 공연의 꽃이었다.

노련한 탤런트들과 고수와 도창의 빠른 극 진행으로 공연은 재미있게 마무리되었는데 진작 사건은 커튼콜 시간에 일어났다.

이번 공연을 후원하는 한인 축제재단 김진형 명예회장이 출연한 배우들에게 LA 시장 문화감사패를 무대에서 전달하는 순서인데, 김진형 회장은 이곳은 미국이니 레이디 퍼스트 정신을 살리자며 감사패를 애랑 역의 이일화에게 전달하는 것이 아닌가?

옆에 서있던 주인공 박윤배는 자존심이 상했는지 "주인공이 대표로 받지 못하는 경우를 이해 못 한다"며 혼자서 공연장을 나가버렸다. 갑자기 분위기가 썰렁해지며 얼떨결에 대표로 감사패를 받은 이일화의 표정도 그리 밝아 보이지 않았다.

공연 후 모이기로 한 쫑파티 장소에도 박윤배가 보이지 않자 모두들 주인공 빠진 김빠진 쫑파티를 열어야 하는 것 아니냐며 이곳저곳으로 전화를 걸고 있는데 양손에 장미꽃을 수북이 든 박윤배가 어디선가 살짝이 나타나더니 그곳에 모인 배우와 스태프에게 일일이 수고했다는 말과 함께 장미꽃 한 송이씩을 전달하며 이어서 "레이디 퍼스트"라고 외치면서 여자들에게 먼저 샴페인을 한 잔씩 돌리는 것이 아닌가?

언제 무대에서 그런 일이 있었느냐는 듯한 그의 행동에 쫑파티 분위기는 저절로 살아나고 밤이 깊도록 웃음소리와 노랫소리가 떠날 줄을 몰랐다.

연기자들이란 천의 얼굴을 가지고 사는 사람이라더니 오늘 보여준 박윤배의 모습이 그러하였다.

탤런트 박윤배, 이일화, 김보미, 김상순, 김경하, 손영춘 등이 만들어낸 연극 「배비장과 애랑이」는 2009년 4월 23일부터 25일까지 월서 이벨극장에서 재미있게 공연되었다.

공연한 지 14년이 지났다. 안타깝게도 김상순, 박윤배 두 분은 지금은 고인이 되셨다.

소극장 연극의 전설

연극 「불 좀 꺼주세요」

　　　　　　대한민국 소극장 연극 중 「불 좀 꺼주세요(이만희/작, 강영걸/연출)」만큼 빛나는 찬사와 소극장 연극의 기록을 갱신한 작품이 또 있을까? 이 작품은 1992년 새해가 시작되는 1월 1일 동숭동 대학로 극장에서 초연되어 장장 3년 6개월 동안 1천1백57회의 공연을 통해 20만 명이 넘는 관객을 동원시키며 대학로를 뜨겁게 달구었던 공연이다. 또한 서울정도 600주년 기념으로 묻은 타임캡슐 속에 영화 「서편제」, 가요 「핑계」와 함께 '보존할 만한 대중문화'로 선정되어 소장되었고, 2003년 중앙 리서치에서 조사한 '가장 보고 싶은 연극' 1위에도 들어간 소극장 연극의 전설이다.

　왜 이 연극이 성공하였을까? 「불 좀 꺼주세요」의 시작은 평소 친하게 지내던 몇몇 연극인들이 술자리에서 만나 획기적인 분갈이용 연극을 한번 해보자는 의견을 주고받던 중 의기투합하여 참석자 전원이 제작에 참여하게 되는 독특한 기획 형식으로 만들어진 연극이다.

　연출과 배우가 미리 정해진 뒤에 작품을 쓴 점도 그렇고, 그들을 잘 아는 작가가 연출의 의도와 배우 각자의 성격과 취향에 맞추어 썼다는 점도 특이하다. 평소에도 인간의 이중적인 면을 무대에서 보여주면 재미있을 거로 생각한 작가가 연극에서는 매우 드물게 시도

되어 온 분신을 등장시켜 내면과 현재의 세계를 자유롭게 오가는 기법을 이용함으로써 구성이 치밀하며 신선했고 또한 암전 없이 오버랩으로 장면이 40번 넘게 바뀌는 점도 빠른 연극을 선호하는 관객들에게 호응을 받는 결과를 낳았다고 하겠다.

「불 좀 꺼주세요」는 제목에서 연상되는 섹스코드의 의미가 아닌 불을 끄고 솔직한 자기 자신으로 다시 태어나길 바라는 의미가 담겨 있다.

극의 대략적인 줄거리는 오랜만에 재회하게 되는 옛사랑의 두 남녀가 과거의 회상과 더불어 숨겨둔 비밀과 진실을 드러내고 제도에 억압된 자신의 자아를 현실의 모습과 일치시키면서 본연의 자신의 모습을 찾아 사랑을 이룬다는 다소 통속적이지만 친숙한 내용이다.

이 연극에서 다분히 친숙하기에 오히려 식상할 수도 있는 줄거리를 분신이라는 기발한 상상의 등장인물을 통해 남녀의 성적인 속마음과 진실을 드러내게 하여 관객의 관심과 재미를 유발시키고, 다소 무겁게 느낄 수 있는 심각한 줄거리를 곳곳의 코믹한 등장인물들을 통해 극이 지루하지 않고 난해하지 않도록 연출했다.

또한 극 중에 남자 주인공의 비밀을 고백하는 부문에선 묘한 반전의 놀라움을 관객에게 살짝 전해주고 대사 한마디 한마디가 관객으로 하여금 자신의 모습을 되돌아보게 하며 생각하게 하는 작품이었다. 분신 역의 두 배우와 일인 다역의 연기자들도 40번이 넘게 순간적으로 바뀌는 빠른 템포의 장면들을 무리 없이 소화해 내었고, 주인공 강창영과 박정숙의 사랑을 이루는 연기도 감동을 끌어내기에 충분했다. 이 연극 성공 이후 이만희 작가와 강영걸 연출은 작품마다 예술과 흥행 면에서 성공을 거두며 대학로의 스타 작가와 연출가로 소문이 나면서 연극계에 단단한 입지를 구축한다.

이 연극에 대한 언론의 격찬도 대단하다. 『한겨레일보』는 "이 연극은 치밀하게 짜인 구조의 미학을 발휘하고 있으며, 창작극계가 눈여겨볼 만한 참신한 시도로 여겨진다."라고 했으며, 『한국경제신문』은 "연극을 외면해 왔던 중년 남성 관객들이 당당히 객석을 차지하고 있다. 이처럼 기존의 연극 관객은 물론 연극의 문외한들마저 보게 되는 흡인력은 무엇보다도 연극이 재미있기 때문이라는 분석이다."라고 했다.

이 연극이 한참 돌풍을 일으키던 1993년 12월 초, 20만 관객의 입소문이 태평양을 건넜는지 이들은 2주간의 일정으로 엘에이를 찾았다. 할리우드에 위치한 라스팔마스 극장에서 12월 9일부터 19일까지 총 15회로 해외 공연의 첫 막을 올렸는데, 연말이라 흥행에 성공하겠느냐는 염려와 걱정 속에서 시작된 공연이었지만 이곳에서도 연극을 관람한 많은 관객의 입소문을 통해 주말 공연부터는 연일 매진 사례를 기록하며 할리우드를 뜨겁게 달구었다.

한 가지 재미있는 것은 라스팔마스극장 앞에서 의류 가게를 하던 백인 남성이 이 연극을 관람하고 극 중 여배우에게 반하여 그날부터 끈질긴 구애를 하게 되고 결국은 결혼을 했다는 이야기는 아직도 이곳과 대학로에서 간간이 회자되고 있다.

그때 대학로와 할리우드를 감동시켰던 소극장 연극의 전설들이 이제 20년 만에 다시 엘에이에 찾아온다. 그야말로 왕들의 귀환이다. 이렇듯 화제의 연극을 엘에이에서 다시 감상할 수 있다는 것은 연극 팬들에게는 정말 반가운 일이다.

더욱이 이번 공연에서는 엘에이 연극 시장을 너무도 잘 아는 작가 이만희 교수가 주선함으로써 초청에 따른 현지 주최 측의 부담을 극단 측에서 해결해 주는 획기적인 공연 조건을 성사시켜 주었다. 이러한 약속은 연극인들만이 할 수 있는 아름다운 모습이다. 이런 결정에 기쁘게 동참해 주신 연출 강영걸 선생과 문광인 기획에게 감사를 드린다.

2012년 11월 1일부터 4일까지 총 7회 공연으로 올려질 두 번째 공연으로 한인 사회 소극장 운동이 탄력을 받을 것 같다.

한 많은 백성들 모두 모여라

미국을 달린 「품바」 대장정

　　　　　　최장 공연 30년, 최다 공연 5,200여 회, 최다 관객 200만 명 등 대한민국 기네스북에도 등재돼 있는 세계 속의 우리 연극 「품바」 공연 팀(7대 품바 김기창, 2대 고수 김태영)을 인솔하고 미주 10개 도시 순회 공연을 두 차례에 걸쳐 다녀왔다. 서부와 동부, 중서부와 중남부, 북서부 등 동포들이 사는 지역이면 어디든지 찾아가는 50여 일에 걸친 대장정이었다.

　LA 공연 때에는 텐트미션을 후원하기 위한 행사로 진행되었는데, 텐트미션이란 다운타운 노숙자들에게 집이나 다름없는 간이 텐트를 제공해 주는 비영리 단체이다. 그러므로 이 연극은 한국 거지(품바)가 미국 거지(노숙자)를 적선한 격이 되었고, 텍사스 어스틴 공연에서는 진짜 거지가 온 줄 알고 외국인이 옷까지 벗어주고 돈까지 손에 쥐여주는 재미있는 현상도 일어났다.

　품바 공연 때마다 생기는 재미있는 현상이라고나 할까? 품바란 원래 장단을 맞추고 흥을 돋우는 소리에서 유래되어 일본강점기부터 자유당 때까지 파란만장한 삶을 살다간 각설이패 대장 천장근의 일대기를 한과 해학으로 밀도 있게 조명한 모노드라마이다. 그래서 장단을 맞춰주는 고수와 짝을 이뤄 극이 진행되는데 고수와의 호흡은 필수적이다.

그런데 이번에 참가한 두 분은 역대 품바 중에서도 가장 호흡이 잘 맞는 콤비다. 특히 김기창의 학을 연상케 하는 날렵한 춤사위와 김태영의 한 서린 구슬픈 창은 두 사람을 품바의 명인으로 꼽는다.

그리고 이 연극은 기획자 입장에서도 단출한 인원으로 공연단을 구성할 수 있어서 좋고, 준비사항도 거지 복장에 깡통, 북, 꽹과리, 장구, 간단한 소품만 있으면 어느 곳에서도 공연을 펼칠 수 있어 편하다. 또한 전 관객이 배우가 되어 극을 함께 이끌어 나감으로써 공연 후 반응은 과히 폭발적이다.

우리 동네에서 이런 공연은 처음이라는 도시도 많았다 내년에도 꼭 와달라는 동포들의 얘기를 들으면서 우리에게는 우리가 간직하고 발전시켜야 할 대중문화가 필요하다는 생각을 해보았다.

미주 한인 사회에 여러 형태의 공연들이 찾아오지만, 속이 뻥 뚫어지게 한바탕 신나게 놀아볼 수 있는 공연은 과연 「품바」 외에 몇 개나 될까?

대한민국 대표 배우들, LA 공연

연극 「누군가의 어깨에 기대어」

　　　　　　　　1990년에서 2012년 사이 고국에서 초청되어 막을 올린 연극들을 살펴보면 1991년에 극단 민예의 「그것은 목탁 구멍 속에 작은 어두움이었습니다(이만희/극본, 강영걸/연출)」를 시작으로 90년대에 27 작품, 2000년대에 12 작품이 막을 올렸다. (장소현, 『남가주 연극사』 참조)

2000년대가 1990년대에 비해 공연된 작품 수가 적었던 것은 1990년대에는 연극제에서 대상을 수상한 극단에게 해외 공연 특혜가 주어져서 극단들의 미주 방문이 자주 이루어졌고, 2000년대에는 그 제도가 없어짐에 따라 방문 극단도 자연히 줄어들었다고 할 수 있겠다.

그동안 공연된 연극 중에서 기억나는 작품들을 살펴보면 현대극장 「길 떠나는 가족」, 「장보고」, 국립극단 「피고지고 피고지고」, 극단 자유 「피의 결혼」, 뮤지컬컴퍼니 에이콤의 「명성황후」, 극단 미추 「마당놀이」, 극단 가교 「악극」, 대학로 극장 「불 좀 꺼주세요」, 극단 마당 「장날」, 기획사 사이더스에서 제작한 「친정엄마와 2박 3일」 등이다.

이렇듯 고국의 대표 연극들을 이곳에서 감상할 수 있다는 것은 즐거운 일인데 2000년대에 들어와서 5, 6년 그 맥이 끊긴 시절이 있었다. 그 시기에 나는 「스포츠서울」 USA 사업국장으로 있으면서 2004년 가을 신문사 창간 5주년 기념으로 연극 「누군가의 어깨에 기대어(이만희/극본, 김동현/연출)」를 초청하게 되었다. (2004년 10월 17일~24일, 장소: 정동아트홀)

이 작품이 한국에서 처음 공연된 것은 월드컵 축구 열기가 대한민국을 휩쓸면서 연극계가 고전하고 있던 2002년 6월, 각종 기획 공연들을 준비했던 연극 시장이 관객 동원에서 적잖은 차질을 빚고 있을 때 문예진흥원 예술극장에서 막을 올린 이 작품이 중년들 사이에서 입으로 전해지면서 월드컵 기간 중에도 성공한 연극이다.

작은 언어의 연금술사로 불리는 작가 이만희가 자신의 휘문고 선배이기도 한 이호재의 연극인생 40주년을 기념하여 이호재와 전무송을 모델로 삼아 그려낸 헌정 연극이다. 이번에 참가하는 배우들만 보아도 대한민국 연극계 대표 배우들인 이호재, 윤소정, 김재건 등으로 연극 경력 40년 이상의 노련한 연기자들이 보여주는 무대이다. 이호재는 1998년에 공연되었던 얼바인 쌍둥이 자매 실화연극 「지나」 출연 이후 6년 만에 엘에이를 찾았고, 윤소정과 김재건은 LA 무대가 처음이다.

작품의 내용은 주인공 안광남(이호재)과 박태봉(김재건)은 오랜 친구 사이다. 그러나 둘의 인생은 현실적으로 볼 때 실패한 인생이다. 박태봉은 안광남의 재정보증을 섰다가 망했고, 안광남은 연쇄 부도로 자신의 회사와 주위 사람들에게 피해를 입히고 말았다. 결혼생활도 실패. 안광남은 대학 후배 고이랑(윤소정)과 결혼했으나 이혼당했고, 박태봉은 은행본부장 시절 젊은 비서와 결혼했으나 역시 헤어졌다. 안광남이 "자식도 웬수."라고 말하면 박태봉은 "젊은 마누라도 좋지만 바람이 나면 웬수다."라고 신세 한탄을 한다. 두 사람을 봐서는 초라한 중년의 모습 같지만 그들은 주눅 들음이 전혀 없다. 그들은 아직도 천진하게 서로 장난을 치면서도 희망을 잃지 않는다. 희망을 잃지 않는 이유가 무엇일까? 그건 바로 우정이다. 그들은 평생을 티격태격 하지만 한 치의 흔들림 없는 우정을 보여주면서 중년들이지만 누군가의 어깨에 기대어 위로받을 때 서로 행복해 질 수 있다는 평범한 진리가 통했던 연극이다. 이호재는 성격파악의 명연기로 관객을 사로잡았으며, 세월이 흐를수록 더욱 단아한 윤소정의 연기도 은은하게 빛이 났고, 감칠맛 나는 연기를 통해 극 중 분위기를 살린 김재건의 연기도 오래 기억에 남는다.

특히 김재건은 연습 도중 발로 상대역을 차는 장면이 있었는데 너무 연습에 몰두한 나머지 방문을 차다가 발을 다쳤는데도 깁스를 한 상태에서 끝까지 공연을 마쳐준 진정한 연기자다. 이 노련한 배우들을 통해 '연극의 참맛은 연기'라는 정설을 입증시킨 무대였다. 오래간만에 소극장을 찾은 중년 관객들은 배우들의 숨소리 하나, 땀방울 하나까지도 함께 느끼면서 소극장 공연의 매력에 흠뻑 빠질 수 있었다.

표절 의혹받고 도미

룰라 '사랑의 콘서트'

　　　　　　　1994년 한국 가요계는 서태지와 아이들 이후로 많은 젊은 음악그룹들이 나타났다 사라지는 가운데 음반 2장으로 한국 가요 시장을 석권한 혼성 댄스그룹(이상민, 김지현, 고영욱, 채리나)이 룰라다. 1집에 수록된 「백 일째 만남」으로 데뷔하여 제2집 「날개 잃은 천사」로 단숨에 정상에 올라선 팀이다.

　"천사를 찾아~ 사바~ 사바사바~"라는 재미있는 가사에 엉덩이 옆을 손바닥으로 두드려주는 가벼운 춤은 일약 전 국민의 춤으로 당시 청소년에서 중년에 이르기까지 다 함께 따라 했을 정도로 그 열기는 대단하였다. 그 당시 엠티나 야유회 모임 18번은 룰라의 「날개 잃은 천사」였으니 요즘으로 말하면 BTS나 싸이를 생각하면 이해가 빠를 것이다. 음반기획만 해도 선주문 200만 장이니 그 인기와 부를 짐작하고도 남는다.

　그러나 호사다마라고나 할까? 인기 절정의 룰라에게 예기치 못한 사건이 발생했으니 1996년 1월 그룹 룰라가 기자회견을 통해 '가수 활동 잠정중단'을 선언한다. 내용인즉 3집에 수록된 「천상유애」 곡이 1992년에 결성된 일본 그룹 '닌자'가 발표한 「오마쓰리 닌자」를 표절하였다는 의혹이다.

　이 일이 음악인들을 통해서 사회문제로 이슈화되자 리더 이상민과 멤버들은 모든 활동을 중단한 채 어느 날 미국으로 건너와 버뱅크에 콘도를 빌려 조용히 자숙하며 신곡 준비에만 열중하고 있었다.

평소 소속사와 교분이 있었던 필자는 이들에게 명예 회복을 위한 의미 있는 일을 미국에서 함께해 보자는 제안을 한다.

그 당시 KBS 『일요스페셜』에 소개된 미 입양아 출신 브라이언 성덕 바우만(미공사 4학년)의 백혈병 이야기가 방송을 타고 우리들의 심금을 울리던 시절이라 성덕 바우만과 백혈병 환자들을 돕기 위한 자선 콘서트 제의에 룰라가 흔쾌히 참여 의사를 밝힘으로 기자회견을 통해서 그 뜻을 알렸다.

우리는 우선 룰라와 그 당시 미국을 방문 중이던 탤런트 이혜영과 함께 성덕 바우만이 입원해 있는 미공군사관학교(콜로라도스프링스)를 찾았다. 병상에 누워있는 성덕 바우만에게 우리의 6월 자선 콘서트 계획을 설명하고, 음악을 좋아하는 그에게 룰라의 음반을 주며 같이 사진도 찍고 위로의 시간을 갖다가 돌아가는 길에 사관학교 교회에서 바우만의 쾌유를 비는 기도도 드렸다.

6월 4일로 예정된 공연 장소를 처음에는 슈라인 오디토리엄(6300석)으로 섭외했으나 콘서트의 취지도 널리 알리고 더 많은 사람들을 동참시키자는 의견에 따라 장소를 LA 공항 근처에 있는 야외공연장 '할리우드 팍(20,000석)'으로 옮겼다.

넓은 공연장에 많은 관객이 참여하기 위해서는 홍보밖에 없다는 생각으로 룰라와 함께 열심히 헌혈 동참 캠페인을 겸한 팬 싸인회를 대대적으로 펼치면서 많은 동포들에게 콘서트의 취지를 알리는 사전 홍보에 온 힘을 쏟아부었다. 또한 공연 무대가 야외에 설치되는 만큼 좀 더 이색적인 무대 장면을 보여주기 위해 룰라가 LA공항에서 헬기를 타고 야외 공연장으로 내려오면 대기하고 있던 백색 리무진이 룰라를 태우고 공연장을 한 바퀴 도는 세레머니를 한 후 환상의 무대로 옮기면서 공연이 시작되는 연출이었다.

한편 자녀들과 같이 온 부모님들을 고려해 최성수, 양수경을 게스트로 출연시켜 패밀리 콘서트 분위기를 극대화시켰다.

공연은 예상대로 대성공이었다. 주중인데도 가족 중심의 일만 오천 관객들이 공연장을 찾았으며, 골수 확인을 위한 헌혈에도 수백 명이 자발적으로 동참하였고 공연 수익금 중 $20,000을 아시아골수기증협회 (AMMM)에 전달하여 성덕 바우만과 백혈병 환자들에게 도움이 될 수 있도록 하였다.

뜻있는 룰라의 자선 공연이 본국에도 알려지면서 그들은 재기에도 성공하였다 관객, 공연자, 수혜자, 스폰서, 기획사, 등 모두에게 보람되었던 공연이었다. 그날 1부 사회를 담당하면서 공연의 취지를 널리 알렸던 방송인 동문자, 정재윤, (고) 김병규 세 분의 수고도 잊지 못한다. 그 후 27년이란 세월이 흘렀다. 팀은 해체되고 그때 공연장의 청소년들도 이제는 40대 중반의 나이가 되었을 것이다. 그들은 아직도 그때의 룰라를 기억하고 있을까?

요즈음 한국 예능프로를 종횡무진하며 전성기를 구가하는 이상민과 여자 멤버들의 활약상을 보며 뿌듯하였는데, 불미스러운 사건에 연루되어 어려움을 겪었던 고영욱도 다시 재기하였으면 한다.

감미로운 목소리의 음유시인

유익종 'LA 가을 음악회'

　　　　　　공연기획사 에이콤의 35년 공연 연보 가운데 한국에서 가장 많이 초청된 가수를 꼽으라면 단연 포크싱어 유익종이다. 그는 엘에이에 팬클럽 유사모(유익종을 사랑하는 모임)가 있을 정도이며, 공연 때마다 A석은 대부분 그들이 차지하곤 한다. 흔히, 우리가 얘기하는 추억의 포크싱어인데 어떻게 엘에이를 자주 방문하여 공연하게 되었을까? 물론 유익종 음악을 사랑하는 고정 팬들이 많이 있다는 것도 큰 이유가 되겠지만, 때마침 고국에서 불기 시작한 70, 80 바람이 엘에이 중년들의 향수를 자극하여 추억을 그리워하는 그들과 절묘하게 만날 수 있었던 것은 아닐까?

　또한 하남시 미사리에 있는 라이브 카페에서 '미사리의 서태지'로 유명한 유익종을 기억하는 동포들이 있었던 것도 유익종이 엘에이에 자주 초대되어 공연한 이유 중의 하나일 것이다.

　은은히 시를 읽듯 노래하며 가슴 뭉클한 감미로운 목소리의 유익종은 다운타운 가에서 포크음악이 사랑받던 1974년 대학 재학 중 아르바이트로 노래를 부르기 시작하여 학교 친구인 박재정과 함께 만든 '그린빈즈' 시절을 거쳐 1983년 이주호와 해바라기를 결성, 1집 타이틀 곡 「모두가 사랑이에요」로 국내 최고의 하모니를 자랑하며 폭발적인 인기를 얻기 시작했다. 1986년 솔로로 독립하면서 발표한 「그

저 바라볼 수만 있어도」, 「사랑의 눈동자」, 「이연」 등은 아직도 노래
방에서 중년들의 18번 노래로 애창되고 있다.

1990년대 중반, 서울의 다운
타운에서는 유익종 콘서트를 가
고 싶은데 아무래도 저녁 시간
이 자유롭지 못한 도시의 주부
들을 위해서 오후 2시 공연이
기획되었는데, 그때 90% 이상의
주부 팬들이 만들어낸 신드롬이
었다.

그는 싱어송라이터로서 주옥
같은 히트곡도 많이 있지만, 동
료 가수의 곡을 리바이벌해서 본인의 분위기로 재탄생 시키는 작업
에도 성공한 가수이다. 『2/3』라는 앨범에 들어있는 조용필의 「들꽃」,
나훈아의 「영영」, 유심초의 「사랑하는 그대에게」, 노영심의 「그리움만
쌓이네」, 동물원의 「거리에서」, 최성수의 「동행」 등이 그것이다.

유익종과의 나의 만남은 28년 전인 1995년 파세데나 시빅 오디토
리움에서 시작된다. 그때 포크가수 이동원, 유익종, 임지훈, 이광준,
강인원, 김명상 등과 함께 '추억의 청바지' 콘서트를 올리고 있을 때
였다. 우리는 첫 만남에서부터 마음이 통했는지 이후 28년 동안 15
차례 이상 미주 순회 공연을 함께 다니면서 가수와 기획자 사이에서
필요한 계약 형식에 구애받지 않고 전화 한 통화로 공연 계약이 이루

어지는 돈독한 관계가 되었다.

그는 포크 가수 중 MR(반주 테이프)을 사용하지 않는 가수로 유명하다.

제작 여건상 서울에서 함께 활동하는 음악 동료들을 같이 초청하지 못하고 현지의 음악인들과 연습을 하는 데도 불편함을 내색하지 않고 이곳 입장을 이해하여 주는 음악인이다. 평범한 이웃 아저씨 같은 분위기지만, 한때는 연기자를 꿈꿨던 한양대학교 연극영화과 출신이다. 유머 감각에 있어서도 개그맨을 뺨친다. 공연 도중 한마디씩 던지는 멘트는 관객들의 배꼽을 쥐게 하며 분위기를 반전시킨다. 한번은 공연 도중 앙코르가 계속 나오니까 객석을 향해 "이제 앙코르를 그만해 달라며 나도 빨리 공연 끝내고 소주 마셔야 돼요."라고 말할 정도로 소탈함이 자연스럽게 묻어있는 가수다 그런 꾸밈없는 그의 모습에 오랫동안 엘에이 팬들과 교류를 갖게 되었나 보다.

그의 목소리와 노랫말은 가을에 더 정감이 간다. 그래서 지난 28년 세월 동안 엘에이에서 마련되었던 음악회도 언제나 가을에만 이루어졌다. 애절함이 묻어나는 그의 목소리와 어쿠스틱기타의 절묘한 만남은 깊어가는 가을밤에 너무나도 잘 어울린다. 어느 가을 또 한번 유익종을 만나고 싶다. 그의 노래를 들으면 가을이 살아난다.

전설의 그룹사운드 Soboba Festival

템페스트, 영사운드, 딕훼밀리, 검은나비, 아비밴드

1970년대 대한민국은 그야말로 락 발라드 그룹 사운드 전성시대였다. 전자기타, 키보드, 드럼 그리고 거친 듯하면서도 미성의 고음을 소유한 보컬리스트들이 포진한 소프트 락 그룹사운드가 가요계를 평정하였다.

그때 그 시절을 풍미했던 뮤지션들과 추억의 시간 여행을 떠나기 위해 2020년 구정 저녁 카바존 아울렛 인근에 위치한 소보바 리조트 카지노 무대에서 '대한민국 전설의 그룹사운드 페스티벌'을 마련하였다.

장면 #1

이날 사회는 대한민국 1세대 DJ 겸 MC로 널리 알려진 지미 김(김태웅)이다. 그는 70년대 소공동의 라스베이거스, 미도파싸롱, 뉴월드 음악실 등에서 최동욱, 백형두, 지명길 등과 활동하며 이름을 알린 연예인이다. 경력도 화려하다. 한국 최초의 남자 모델 '왕실' 그룹 1기 멤버이기도 하며, '하얀 비둘기'라는 프로젝트 음악그룹을 결성해 활동하였던 원로 가수이기도 하다.

그는 이날 장소가 카지노인 점에 착안하여 관객들에게 "여러분, 카지노에서 절대 이루어질 수 없는 것이 있습니다. 그것은 하나님께 기도하는 것입니다."라는 멘트와 함께 출연한 가수들의 감춰진 연예 비사를 하나둘 털어놓으며 천여 명의 관객들을 즐겁게 했다.

장면 #2

"그대 슬픈 밤에는 등불을 켜요. 고요히 타오르는 장미의 눈물"

정말 주옥같은 가사에 애절함이 묻어나는 영사운드 노래는 「달무리」, 「초원의 빛」, 「아름다운 계절」로 이어지며 절정에 달할 때 관객들은 "영사운드 안 죽었어!"라는 외침과 함께 유영춘의 인기는 그날 밤 최고였다.

70이 넘은 나이지만 무대에서만큼은 열정을 쏟아붓는 그의 모습에 20대 소년의 풋풋함이 아직도 남아있었다.

장면 #3

락 발라드 올드 팝의 황제인 장계현의 템페스트도 1970년대 그룹사운드 전설답게 비트 강한 락 분위기를 연출하여 가성과 진성을 넘나드는 특유의 가창력으로 이날 여성은 물론 남성 팬들의 심장을 요동치게 했다. 「나의 20년」, 「잊게 해주오」, 「햇빛 쏟아지는 벌판」과 올드 팝 「Help Me Make It Through The Night」, 「Sweet Caroline」, 「Beautiful Sunday」를 관객들이 함께 따라 부르며 무대 위의 가수와 객석의 구분 없이 모두 하나가 되었다.

장면 #4

"여기에 당신의 모습이 보인다. 가슴에 기대어 수줍던 그 모습이. 세월은 흘러서 당신은 떠나고 남겨진 마음에 눈물이 흐르는데" 1974년 7명의 새로운 멤버로 탄생한 '검은나비'의 최고의 히트 곡 「당신은 몰라」 가사의 일부분이다. 그날 피아노 연주를 하며 무대에 선 김영균의 전주만 듣고도 관객들은 그 노래에 환호하였다. 그는 검은나비 시절 보컬 겸 키보드 주자로 활동하며 최헌과 함께 검은나비를 이끌었던 LA 유명 팝 피아니스트다. 그는 중간중간 검은 나비 시절의 이야기와 (고) 최헌과의 추억을 떠올리며 「오동잎」, 「가을비 우산 속」 등으로 먼저 떠난 동료 가수를 추모하였다.

장면 #5

오늘 그룹사운드 페스티벌에는 템페스트, 영사운드, 딕훼밀리, 검은나비 외에 엘에이에서 활동하는 음악그룹 ABBY 밴드를 함께 출연시켰다. 기타 박강서, 이승희, 베이스 박철수, 드럼 듀크 김, 키보드 티나원으로 구성된 5인조 ABBY 밴드는 각각 30년 이상의 음악 활동 경력의 실력파 뮤지션들이다. 이날 템페스트 영사운드, 딕훼밀리, 검은나비의 반주를 완벽히 소화해 내며 수준 높은 연주로 한인사회 라이브 무대를 한 단계 업그레이드 시켰다.

장면 #6

오늘의 하이라이트는 단연 딕훼밀리 무대였다. "이제는 우리가 헤어져야 할 시간, 다음에 또 만나요" 1970년대 심야업소들이 영업을 마칠 무렵 항상 흐르던 노래 「또 만나요」는 애국가 다음으로 많이 부른 노래라고 무대의 사회자들은 얘기한다. 1972년 플레이보이컵 그룹사운드 경연대회 최우수가창상 수상자답게 보컬 이천행은 「나는 못난이」, 「작별」, 「흰구름 먹구름」, 「옛추억」, 「또 만나요」 등 주옥같은 노래들로 공연의 대미를 화려하게 장식하였다.

송창식이 미국을 오지 않는 이유

쎄시봉 콘서트

　　　　　2011년 6월의 마지막 주말 저녁, 로스앤젤레스 인근에 있는 유구한 역사를 자랑하는 공연장 슈라인 오디토리엄(6,300석)에는 전설의 뮤지션 '쎄시봉 친구들'을 보기 위해 LA 정반대 쪽 뉴욕에서부터 남부 플로리다까지 미 전역에서 온 50, 60대 중·장년층 팬들이 대거 모여 쎄시봉과 함께 그때 그 시절의 노래들인 「우리들의 이야기」, 「길가에 앉아서」, 「어제 내린 비」, 「제비」 등을 합창하며 아름다운 청춘을 추억하는 감격스러운 무대였는데, 쎄시봉의 대표 가수인 송창식이 빠진 무대를 보고는 아쉽고 섭섭해하는 표정들이 역력했다. 이미 광고를 통해서 송창식이 미주 공연에 합류하지 않는다는 사실을 알고 있었음에도 함께 있어야 할 가수가 무대에 보이지 않으니 아쉬움이 더 컸던 모양이다.

　그동안 이곳에서 70/80 세대들을 위한 콘서트를 오랫동안 기획한 바 있는 나는 2011년 신년 초부터 '쎄시봉 콘서트' 미주 공연을 생각하고 서울과 공연 성사를 위해 다각도로 접촉을 시도하던 중 참가가 불확실하다고 알려진 송창식에게 여러 번 전화로 미주 공연 참가를 독려하고 있었다.

　알려진 얘기지만 송창식은 낮과 밤을 바꿔서 생활한다. 새벽 4시에 잠을 자서 오후 2시에 일어난다. 2시에 일어나서는 28년 동안 계속해

온 쿵푸화에 팬티만 입고 하루 8km를 두 팔을 벌리고 빙빙 도는 운동을 2시간 하고 그 후 시간에는 기타 연습도 하며 오후 7시 이후에야 사회생활이 시작되어 외출한다는 것이다. 실례로 '쎄시봉 친구들'이 처음 전파를 탄 MBC 예능 프로그램『놀러와』녹화 당시에도 낮 시간에 녹화하여 편집하던 관례를 깨고 송창식 시간에 맞추다 보니 녹화가 새벽까지 연장되어 방송국에서 방청객들에게 택시비로 오만 원씩 준 사례가 있을 정도로 송창식은 생활 패턴을 바꾸지 않기로 유명하다. 전화도 오후 6시에서 7시까지 1시간만 켜놓기에 엘에이에서 송창식과 통화하려면 새벽 2시나 3시가 되어서야 겨우 통화가 가능하다.

그의 이야기 중 미국 공연을 28년 동안이나 안 간 이유가 가는 날은 하루를 버는데 돌아오는 날은 하루가 없어져 버리기 때문에 정해진 시간에 운동을 못 해서 못 간다는 것이다. 미국에서 유럽을 돌아서 가기 전에는 갈 수 없다며 본인이 뽑은 항공 스케줄을 주는데 서울-엘에이-뉴욕-영국-그린란드-영국-이스탄불-방콕-서울로 연결되는 코스만이 가능하다는 것이다. 그 스케줄을 여행사에 문의하였더니 그대로 진행하려면 2주 정도가 소요되며 그나마 그린란드 편은 불확실하다는 것이다. 결국 우리는 이번 공연에서 송창식이 빠지는 거로 결론짓고 그가 빠진 쎄시봉 콘서트는 의미가 없다고 생각한 끝에 행사 자체를 원점에서부터 다시 검토하고 있는데 마침 MBC 문화방송이 창사 50주년 기념 공연으로 '쎄시봉 콘서트'를 유치하여 윤형주, 김세환, 조영남 세 분과 사회 이상벽이 참가한 가운데 2011년 '쎄시봉 콘서트'는 이루어졌다.

그러던 중 2012년 4월 동포 사회 모 은행에서 은행 합병 기념으로 VIP 초청 만찬 행사가 있었다. 이 자리에 축하 가수로 김세환을 소개하여 엘에이에 오게 되었고, 우리는 만난 자리에서 '쎄시봉 콘서트' 이야기가 자연스럽게 나왔는데 올 2월 시드니 오페라 하우스 공연에 송창식이 참가하고 비행기를 탔다는 것이다. 비록 한국하고는 시차가 2시간밖에 나지 않아 떠났지만 예전에 비해 해외 공연에 무척 관심이 많다는 것이고, 내가(김세환) 생각하는 방식대로 송창식이 돌아갈 때 샌프란시스코에서 비행기를 타면 서울에 도착해서도 운동할 수 있는 시간을 맞출 수 있다는 것이다. 그러면서 그 진행 과정을 기타리스트 함춘호와 상의하라는 얘기다. 이번 호주 공연도 함춘호가 기획하여 이루어졌고 그에 대한 송창식의 신뢰가 높다는 얘기다. 나는 서울을 방문하여 함춘호와 전체 계획을 상의한 후 모든 조건을 송창식에게 맞추어 나가기로 하고 그가 원하는 공연장 사진, 호텔, 특별히 운동 연습실을 사진으로 찍어서 초청장과 함께 보냈다. 운동 연습실에 예민한 송창식을 위해 호텔 스위트룸 2개 중 한 곳을 연습실로 만들었더니 송창식이 원하는 가로 4m, 세로 4m의 운동 공간이 마련되었다.

또한 공연의 목적도 서울에 있는 비영리단체 '아름다운 가게(이사장: 홍명희)' 엘에이지부 창립을 지원하기 위한 행사로 바꾸었다. 마침 '아름다운 가게' 홍명희 이사장과 송창식은 서울예고 동창인 관계

로 송창식의 부인과 함께 세 사람은 친구 사이이기도 하다. 우리는 2012년 11월 쎄시봉 완결편을 꿈꾸며 마음의 준비를 하고 있는데 서울의 '아름다운 가게'에서 온 답변은 송창식이 이번 공연에도 참가할 수 없다는 내용이다. 아름다운 가게에서 처음 취지를 설명할 때는 미국 공연에 관심을 보여 이번에는 공연이 이루어지는 줄 알았는데 나중에 생각이 바뀐 것 같다고 한다.

송창식의 목표인 일만일 운동이 끝나는 2023년이 되면 송창식도 77세가 되고 그사이 우리 모두도 노인이 되어있을 텐데….

송창식이 미국을 오지 않는 이유는 무엇일까? 그렇게 많은 미주 팬들이 그를 원하는데도 28년 동안 미국을 한 번도 찾지 않았던 진짜 이유는? 일만일 장기 수련 목표를 꼭 이루고 싶은 기인의 고집일까? 아니면 우리가 알지 못하는 특별한 사유가 있어서일까? 우리는 그것이 알고 싶다.

재미에 살고 재미에 죽는 '재미스트'

조영남 '빅 콘서트'

　　　　　　우리들의 백과사전, 위키백과에 들어가서 조영남을 검색하면 1945년생으로 1969년도에 대한민국 가수로 데뷔하여 방송인, 작가, 화가, 칼럼니스트로 활동하는 특출한 예인으로 소개되어 있다.

　가수로서는 정규 앨범 13장 외에 100여 장의 음반을 발표하였는데 데뷔곡 「딜라일라」를 시작으로 「최 진사 댁 셋째딸」, 「화개장터」, 「도시여 안녕」, 「불 꺼진 창」, 「제비」, 「사랑이란」, 「내 고향 충청도」 등의 히트곡과 2010년도에 작곡가 김희갑 선생과 작사가 양인자 씨가 음반 작업을 한 「남자 조영남 노래 그리고 인생」에 이르기까지 많은 히트곡, 번안곡, 리바이블 곡들을 발표하였으니 히트곡 하나 없이 40년을 버텨 오신 가수라는 방송용 멘트는 40년을 즈음하여 수정을 해야 한다는 생각이다.

　책도 많이 발표하여 1988년 신학대학 졸업 이후 쓴 『한국 청년이 본 예수』를 시작으로, 2005년 발표하여 사회적 문제가 되었던 『맞아 죽을 각오로 쓴 친일선언』, 작년에 발표한 『쎄시봉 시대 이야기』까지 총 13권의 저서를 가지고 있고, 지금도 조·중·동 신문을 비롯한 여러 종류의 잡지에 반짝반짝 빛나는 글을 발표하는 칼럼니스트로서도 활약이 대단하다.

방송 활동은 어떠했는가? 1989년 SBS『쟈니 윤 쇼』보조 MC를 시작으로 KBS『체험 삶의 현장』은 10년 동안 진행을 하였으며, 현재 MBC『지금은 라디오 시대』, KBS『명작스캔들』등 방송 프로그램 진행자로 활동하면서 2011년 장안 최고의 화제가 되었던 '쎄시봉 친구들' 이후 각종 예능 프로그램을 종횡무진하며 최고의 출연료를 보장받으며 또 한 번 전성시대를 맞고 있다.

조영남과 엘에이 동포들하고 본격적인 만남은 언제를 기준으로 해야 할까? 1970년대 중·후반 플로리다에서 7년 유학 생활을 하였지만, 그 당시 엘에이 방문은 공연을 통해 동포들을 만나기보다는 한참 그림에 빠져있던 화가로서 작품 활동을 이어가기 위한 개인적인 방문이 더 많았다고 하겠다.

공연을 통해 우리 하고 만난 것은 1986년 슈라인 오디토리움에서 송창식, 윤형주, 김세환, 양희은, 이장희, 조동진, 이종용, 고영수와 함께했던 '헐리트론 포크 페스티벌'이 아니었나 생각된다. 그 후 엘에이 한인회를 비롯한 KAC, KYC 등 단체들의 기금마련 디너쇼를 비롯한 각종 행사에 초대되어 엘에이를 방문하게 된다.

'조영남 콘서트' 하면 떠오르는 이미지가 대형 오케스트라와 합창단이 참여하는 무대를 연상하게 되는데, 그동안은 행사 위주의 모임에 참석하여 공연하다 보니 항상 그 부분이 아쉬웠다. 그러던 중 2007년 6월 조영남과 팝스 오케스트라가 참여하는 대형 콘서트를 윌셔이벨극장에서 마련하기로 하였다.

우리는 이곳에 있는 음악인들을 중심으로 20인조 팝스 오케스트라를 구성하고 지휘와 편곡은 조영남의 서울음대 2년 후배인 김영균 교수(전 수원여대)에게 맡겼다 그런데 김 교수는 공연 일주일 전 둘째 딸이 교통사고로 세상을 떠나는 불행한 일이 일어났다. 그런 황당한 일이 있었음에도 김 교수는 음악인으로 약속을 지키신 분이다.

20인조 팝스 오케스트라의 화려한 반주 속에 기타를 둘러매고 「물레방아 인생」을 오프닝 곡으로 무대에 등장한 조영남은 특유의 입담으로 관중들을 휘어잡더니 갑자기 피아노 건반 앞에서 찬송가 「주 하나님 지으신 모든 세계」를 부르는 것이 아닌가? 이어서 "이번에는 불교 신자들을 위한 노래입니다."라는 멘트와 함께 김태곤의 「송학사」를 멋지게 부르며 엘에이에서 종교 화합을 이루었다는 조영남의 애드리브에 관객들은 배꼽을 쥐며 즐거워하였다. '재미에 살고 재미에 죽는다'는 '재미스트' 조영남 콘서트의 관객들은 그날의 분위기를 오래오래 기억할 것이다.

공연기획 단계에서부터 공연 수익금 중 일부를 한인 1.5세 봉사기관(KYCC, KAC, KADC, 민족학교)에 전달하겠다는 계획대로 4개 봉사단체에 조금이나마 도움을 줄 수 있어서 모두에게 보람된 공연이었다. 이 일의 과정에서 Yu&Associates(대표: Eric Yu)의 도움이

컸다는 것도 지면을 통해서 남겨둔다.

우리가 언젠가 조영남과 재회하게 된다면 월트 디즈니 콘서트홀에서 그가 즐겨 부르는 가요, 아리아 가곡이 함께 어우러지는 조영남, 조영수 형제의 'The-Classic 밤'과 그리고 말도 많았고 사건도 많았던 전시회도 함께 기획해 보고 싶다.

그룹사운드 선구자

김창완 밴드 '미주 순회 공연'

'산울림'은 김창완, 김창훈, 김창익 삼형제가 결성한 대한민국 록밴드이다. 기타와 보컬은 첫째인 김창완이 맡고, 베이스는 둘째 창훈, 드럼은 막내인 창익이 맡았다. 1977년 그들의 데뷔 앨범에 수록된 『아니 벌써』가 세상에 처음 발표되었을 때 음반 시장은 그야말로 충격을 받았다. 처음 들어보는 사운드와 생소한 노랫말은 한국 대중 음악사에서 전례가 없었던 새로운 시도였다.

천편일률적인 사랑타령에서 벗어난 노래들은 의식적으로 연출한 것이 아닌 오로지 즐거움과 자유로움을 향하여 만들어낸 국내 최초의 이색 음반이 아닐까 하는 생각이다. 이렇듯 데뷔 당시부터 화제를 뿌리며 1970년대 말에서 2000년대에 이르기까지 한국의 그룹사운드 시대를 활짝 연 선구자이기도 하다. 주옥같은 곡들이 수록되어 있는 13장의 정규앨범 중에는 '한국 대중음악 100대 명반'에 1, 2, 3집이 선정될 만큼 그 당시 한국 대중음악을 이끌어왔던 뮤지션이라 해도 무리가 없을 것 같다.

1990년대에 들어와서 삼형제 중 창훈, 창익의 사회생활로 한동안 산울림 활동을 잠정 중단한 시절도 있었으나 1997년 다시 모여서 산울림 13집을 발표하기도 하였다. 그 후 2006년 7월, 세종문화회관 대극장에서 있었던 데뷔 30주년 기념 공연을 즈음하여 각자의 형편이 허락하는 대로 산울림 활동을 이어 나가겠다는 결의가 있은 후 불과 얼마 뒤 그 결의가 무색해지는 사건이 발생하였으니 2008년 1월 29일 막내인 창익이 캐나다 밴쿠버에서 교통사고로 사망하는 놀라운 일이 발생하였다. 30년 넘게 함께 활동한 동료이자 식구인 막냇동생을 졸지에 잃은 김창완은 한동안 심한 충격 속에서 헤어나지 못하고 산울림의 공식 활동을 중단하는 듯했으나 그 후 얼마 뒤 젊은 연주자 4명을 영입하여 '김창완 밴드'를 탄생시킨다. 그러나 산울림의 음악, 산울림의 정신, 산울림의 감성은 그대로 계승한다는 취지 아래에서였다.

이상훈(키보드), 강윤기(드럼), 최원식(베이스), 하세가와(기타) 등 30대 실력파 뮤지션들과 새로운 밴드를 구성한 김창완은 창단 이후 첫 해외 공연으로 미주 3개 도시(엘에이, 시애틀, 시카고) 순회 공연을 가지기로 결정하고 전 일정을 우리 사무실과 계약하였다. 2010년 3월 25일 엘에이 윌셔이벨극장을 시작으로 27일 시애틀 어번 퍼포밍 아트센터, 28일 시카고 노스 쇼

어센터이다. 다소 무리였으나 서울에 미리 잡혀 있는 일정들을 감안하면 어쩔 수 없이 강행군을 할 수밖에 없었다.

엘에이 공연을 하루 앞둔 3월 24일, 코리아타운 시티센터에서는 마지막 홍보를 겸한 팬 사인회가 열렸다. 그의 음악을 사랑하는 매니아 팬들과 시온마켓을 이용하던 주부들로 성황을 이룬 가운데 팬 사인회가 2시간여에 걸쳐 진행되었다. 최근 드라마『하얀 거탑』,『커피 프린스』등에서 개성 있는 연기를 인상 깊게 본 많은 주부가 저마다 기념사진을 먼저 찍겠다고 혼잡을 피우는 바람에 예정된 2시간을 많이 넘겨버렸다. 그 가운데서 콘서트 입장권도 50여 장이나 현장 판매되었다.

드디어 3월 25일 월셔이벨극장 무대에 청바지를 입은 김창완이 모습을 드러내자 객석의 관중들은 환호성을 지르며 반긴다. 늘 옆집 아저씨 같은 포근하고 편안한 모습이다. 공연 도중 목소리가 작게 들린다는 관객의 애교 섞인 항의도 부드럽게 받아 넘어가며 노래 중간중간 그의 음악과 인생에 대한 이야기를 저서를 여러 권 낸 작가답게 재미있게 들려준다. 열정적인 무대다.

인터미션 없이 두 시간이 넘는 라이브 무대를 산울림의 히트곡인「아니 벌써」,「가지 마오」,「그대 떠나는 날에」,「꼬마야」,「산 할아버지」,「창문 넘어 어렴풋이 옛 생각이 나겠지요」등과 김창완 밴드가 2008년에 발표한『The Happiest』, 2009년에 발표한『Bus』에 수록된 최신 곡들을 그의 새로운 뮤지션들과 훌륭히 소화해 내었다. 한국에서 전국 투어를 하며 잘 다져진 완벽한 무대를 그대로 보여주었다. 열정적인 공연이 끝나고 '김창완 밴드'가 무대에서 사라지려는 순간 관객들은 약속이나 한 듯이 일제히 일어나 "앵콜"을 외치자 기다렸다는 듯이 다시 등장하여 전 관객을 기립시킨 후 20여 분 동안 아껴놓았던 '나 어떡해'를 비롯하여 70, 80 히트곡들을 메들리로 연이어 부르면서 팬들의 앵콜에 기쁘게 화답하여 주었다.

'산울림', 이제 다시는 삼형제가 한 무대에서 노래할 순 없지만, '김 창완 밴드'의 이름으로 무대에 서는 이번 공연에서 그 어느 때보다 마음껏 산울림을 추억할 수 있는 소중한 시간이 되었다. 엘에이 공 연을 시작으로 시애틀 시카고 공연을 예정대로 마무리하며 '김창완 밴드' 시대가 열리고 있음을 미주 동포들에게 확실히 각인시켜 주고 한국으로 떠났다.

힘든 순간에도…

박강성 'LA 콘서트'

　　　　　　대한민국 가수 중에서 최고의 가창력을 자랑하는 가수는 누구일까? 개인적인 생각으로는 가왕 조용필을 비롯하여 조영남, 패티 김, 윤복희, 인순이, 이선희 등 중견 가수들과 최근 『나는 가수다』 방송을 통하여 실력이 검증된 임재범, 김경호, 김범수, 이은미, 박정현 등을 꼽을 수 있겠지만, 70, 80 가수 중에서는 단연 박강성을 내세우고 싶다. 가요 평론가들도 박강성의 가창력에 이의를 제기하는 사람은 없을 것 같다.

　대기만성형인 박강성은 1982년 MBC 신인가요제에서 대상을 받으며 가요계에 데뷔한 30년 차 가수이기도 하다. 그러나 그의 가수 활동 초기에는 그다지 큰 인기를 얻지 못하였다. 데뷔 4년째인 1986년에 발표한 앨범도 별로 반응이 없었고, 1990년에 발표한 「장난감 병정」도 발매 당시에는 지금과 같은 인기를 누리지 못하였다.

　중앙 무대에서 점차 잊혀져 가며 언더그라운드 가수로 15년을 보낸 박강성에게 기회가 찾아온 것은 1990년대 후반부터 경기도 미사리를 중심으로 생겨나기 시작한 음악카페가 점차 중년들의 만남의 장소로 소문이 나면서 이곳에서 노래를 부르기 시작하면서다. 이후로 박강성은 최고의 출연료를 받으며 미사리 인기 가수로 자리 잡는다. 박강성의 노래가 다녀간 사람들의 입소문을 통해 점차 알려지고,

그의 노래를 듣기 위해 전국 각처에서 온 사람들이 미사리로 몰려들면서 박강성 신드롬을 만들어내기에 이른다. 어쩌면 박강성은 미사리와의 만남으로 가수 인생이 완전히 바뀌었다고 할 수 있을 것이다.

많은 중년이 박강성 공연에 열광하는 이유는 무엇일까? 그것은 아마 40, 50대를 보낸 그들이 박강성과 함께 살아온 세대이고, 그 연령에 맞는 정서와 감정이 담긴 그의 노래를 통해서 어떤 카타르시스를 느꼈던 것은 아닐까? 그의 음악은 포크음악을 시작으로 록발라드, RB, 재즈에 이르기까지 전 장르를 소화해 내는 전천후 가수이기도 하다. 목에서 맴도는 목소리가 아니라 온몸으로 노래하며 우리의 가슴을 울리는 이 시대 실력파 음악인이라고 할 수 있다.

내가 박강성을 만난 것은 「비 오는 날의 수채화」의 주인공인 작곡가 겸 가수 강인원을 통해서였다. 강인원과는 이미 1994년 아남전자에서 주최한 '아남 델타가요제 미주 본선 대회'를 우리 사무실에서 진행한 인연으로 자주 연락을 주고받는 사이다. 강인원은 어머니와 형제들이 엘에이에 거주하는 관계로 자주 방문하여 이곳의 공연 문화를 잘 알고 있었다.
강인원을 통하여 박강성 미주 공연을 상의하던 중, 두 사람이 함께하는 무대를 만들기로 결정하였다. 박강성과 강인원은 가수와 작곡가 사이기도 하지만 한국 온누리교회에서 찬양 사역으로 함께 봉사하는 사이다. 약속대로 2003년 10월 두 사람의 조인트 콘서트가 윌셔이벨극장에서 마련되었다.

1부에 출연한 강인원이 그 특유의 여성적이고 섬세한 감성으로 그의 히트곡 「내가 먼저 사랑할래요」, 「비 오는 날의 수채화」 등 여러 곡을 1시간 동안 발라드의 분위기로 띄운 후 이어서 2부에 등장한 박강성은 분위기를 완전히 반전시키며 「여행을 떠나요」를 시작으로 히트곡인 「문밖에 있는 그대」, 「장난감 병정」 등을 열정적이고 폭발적인 가창력을 앞세우며 LA의 첫 무대에서 강렬한 이미지를 남겼다.

이 공연이 끝난 후 박강성의 앙코르 공연을 원하는 팬들이 생각보다 많다는 것을 알게 되었지만 아쉽게도 박강성의 바쁜 일정으로 매년 공연이 미루어지면서 데뷔 25주년이 되는 2007년 가을에 와서야 다시 한번 그의 무대를 마련할 수 있었다.

4년 만에 엘에이를 다시 찾은 박강성은 그동안 쌓아온 내공을 아낌없이 보여주면서 그를 기다렸던 열혈 팬들을 실망시키지 않았다. "힘든 순간에도 노래에 대한 열정을 놓지 않았더니 행복이 찾아왔습니다." 박강성이 내게 남긴 그 말이 오랫동안 여운으로 남는다.

요즘도 미국의 지방 도시에서 박강성을 섭외해 달라는 문의가 자주 오는 것을 보면서 쎄시봉 이후 포크 발라드 가수 중에서 가장 롱런 할 수 있는 뮤지션이라는 생각이 든다.

대한민국 포크 듀엣의 원조

해바라기 40주년 'LA 콘서트'

엘에이 동포들과 친숙한 포크 듀오 '해바라기'는 1970년대 후반 명동 가톨릭 회관 해바라기 홀에서 대학생들의 음악회를 주관했던 이정선, 이광조, 이주호, 한영애로 구성된 혼성그룹으로 출발한 팀이다.

그 후 개성이 강한 4명의 음악인이 각자의 길을 가게 되고 1983년 이주호는 유익종과 함께 남성 듀오 체제로 전환하며 해바라기 시대를 열더니 2대 이광준, 3대 유익종, 4대와 5대 이광준, 6대 심명기, 7대 강성운에 이르기까지 잦은 멤버 교체 속에서도 한결같이 아름다운 노랫말과 뛰어난 하모니로 한국 모던 포크계를 이끌어왔다.

사랑과 행복의 메시지를 담은 「모두가 사랑이에요」, 「행복을 주는 사람」, 「내 마음의 보석상자」, 「이젠 사랑할 수 있어요」, 「사랑으로」 등의 수많은 히트곡을 탄생시키며 20대에서 60대에 이르기까지 두터운 팬층을 확보하고 국민가수로 오랫동안 사랑을 받아온 해바라기 인기 비결은 어디에 있었을까? 그것은 음악적 창작력이 뛰어난 이주호만의 아름답고 선명한 멜로디와 사랑이 담긴 노랫말, 파트너들과의 절묘하게 빚어낸 화음 덕분이 아니었을까?

이후 해바라기는 1987년 KBS 가요대상, 1990년 'ABU 국제가요제' 대상, 1992년 한국 노랫말대상, 2001년 연예협회 공로상 및 가배상을 수상하기도 하였다.

엘에이와의 인연은 '해바라기' 활동 절정기인 1993년, 월톤극장(2,250석)에서 처음 공연되었던 이주호와 이광준의 '해바라기 콘서트'를 시작으로 우리와의 만남이 계속 이어졌는데….

1995년 어느 날 이광준이 해바라기 활동을 전면 중단하고 미국으로 들어오게 되었다. 처음 계획은 평소 계획해왔던 음악 공부를 할 생각으로 1, 2년 체류를 생각했으나 세월은 흘러 7년을 엘에이에서 생활하게 되었다. 그동안 이주호는 후배 심명기와 강성운 등과 함께 5대, 6대 해바라기를 결성해 활동을 이어나가고 있었다.

해바라기 이주호와 함께 인기 정상에 있었던 이광준의 갑작스러운 미국 생활은 쉽지 않았을 것이다. 그 당시 여러 가지 주변 상황이 그를 어렵게 만들며 처음 계획했던 음악 공부도 계획대로 이루어지지 않자 실망과 좌절에 빠져있을 때 한 친구의 간절한 권유로 그동안 잊고 살았던 하나님을 다시 만나게 된다. 이후 글렌데일 사랑의 빛 선교교회에 출석하며 봉사하던 중 귀국하게 된다.

본래 이광준은 1983년 기독교방송에서 주최한 복음성가 경연대회에서 금상을 수상한 CCM 가수 1호이다.

한편 해바라기 원년 멤버이자 리더인 이주호의 엘에이 공연은

1994년 월톤극장 공연과 2005년 월셔이벨극장 공연, 2007년 중앙
은행 창립기념일에 초대되어 월셔이벨극장에서 가졌던 '해바라기 밤'
이 전부였다.

이주호가 엘에이에서 공연을 자주 마련하지 않았던 것은 어쩌면
이광준을 배려한 측면도 있다 하겠다.

해바라기의 40년 역사 속에서 여러 명의 음악 파트너들이 있었지
만, 이광준과의 활동 시절이 전성기였다고 나름대로 말하고 싶다. 이
미 발표된 2집과 5집 음반이 그것을 증명하고 있다.

나는 오래전부터 해바라기 40주
년이 되는 2019년에는 팬들이 많
이 있는 엘에이 무대에서 이주호,
이광준의 만남을 준비하고 있었는
데 2019년 2월 그 바람이 이루어
졌다.

LA 다운타운에 위치한 유명 공
연장 벨라스코 CEO들인 우영실,
벤자민 두 분이 에이콤 30주년을
맞이하여 해바라기 공연을 기획한
다는 소식을 듣고 무상으로 공연
장을 대관해 주셨다. 기업이 문화

를 돕는 메세나 정신을 실천하는 감사한 사업가들이다. 또한 타이틀
스폰서로 참여한 삼호관광(대표: 신성균)에도 감사를 드린다.

많은 해바라기 팬들의 기대 속에 마련된 해바라기 40주년 콘서트는 시간이 지나도 우리 마음에 새겨진 아름다운 멜로디와 가사로 영원히 잊혀지지 않을 것 같은 깊은 여운을 남긴 무대였음을 확인시켜 주었으며, 그날 한국의 '사이먼과 가펑클' 해바라기는 '우리 기쁜 젊은 날'을 회상해 보는 소중한 밤의 주인공들이었다.

아름다운 이별을 준비하는
'영원한 디바'

패티 김 '사랑의 콘서트'

2012년 2월 15일 오후 2시, 서울 태평로 프레스 센터 국제 회의실에서는 가요계의 '영원한 디바' 패티 김이 54년 가수 인생을 마감하는 공식 은퇴선언을 했다. 대한민국 연예기자와 관계자들이 전부 모인 자리에서 패티 김은 "아직은 건강하고 노래도 멋지게 부를 수 있지만, 팬들 앞에 영원히 멋있는 패티 김으로 기억되고 싶기 때문에 오랜 시간을 고민한 결과 지금이 가장 적절한 시기라고 생각해서 은퇴를 한다."라고 밝히고 은퇴를 기념해 '이별'이라는 타이틀로 6월 2일 서울 올림픽공원 체조 경기장을 시작으로 전국을 돌며 미국, 일본, 호주에 이르는 글로벌 투어를 끝으로 은퇴 공연을 마무리한다고 한다.

삶의 궤적 자체가 한국 가요사와 맞닿아 있는 그녀이기에 이날 발표를 지켜보던 많은 가요 관계자들과 팬들에게는 여러 감정이 교차되는 아쉬움이 남는 자리이기도 하였다.

패티 김은 대한민국 가수 중 '최초'라는 수식어를 처음 달고 다닌 가수다. 해방 이후 일본 정부가 공식 초청한 최초의 한국 가수(1962

년), 대중가수 최초로 리사이틀이란 표현 사용(1962년), 국내 첫 개인 이름을 내건 방송 프로그램 패티 김 쇼 진행(1967년), 국내 가수 중 처음으로 디너쇼를 시도하였고(1971년), 대중가수로는 처음으로 세종문화회관 공연(1978년), 세계적인 공연장 미국 뉴욕 카네기콘서트홀과 호주 시드니 오페라하우스 극장에서 처음 공연한 한국 가수이기도 하다.

1938년 서울에서 출생한 패티 김(본명 김혜자)은 1959년 미8군 무대를 통해 데뷔하였고, 1962년에 일본에 이어 미국까지 진출하여 월드 스타의 꿈을 키워 나간 한류 가수 1호라고 할 수 있다. 미국 진출 3년만인 1965년 어머니가 위독하다는 소식과 함께 한국으로 귀국하게 되지만 그때 패티 김은 출국 전에 발표하였던 「초우」라는 노래로 이미 스타가 되어있었다. 그리고 그 시기에 일본에서 돌아온 작곡가 길옥윤을 만나 운명 같은 사랑을 하게 되고 1973년 이혼을 하기까지 왕성한 활동을 통하여 최고의 전성기를 맞는다. 이때 두 사람이 발표한 주옥같은 노래들인 「서울의 찬가」, 「이별」, 「사랑하는 마리아」, 「그대 없이는 못 살아」 등은 언제 어디서나 들어도 우리에게 친숙한 노래들이다. 그러나 패티 김은 길옥윤과의 성격 차이로 7년 동안의 결혼 생활을 마감하게 되고, 그 후 이혼 후유증을 극복하기 위해 두 번째로 동남아와 미국에 다시 진출하면서 그 당시 NBC TV 『쟈니 카슨 쇼』에 출연하여 「Summer Time」을 불러 당시 TV를 보던 미국인들을 깜짝 놀라게 했다. 이후 패티 김은 이탈리아 사람 아르만도 게르니를 만나 재혼하게 되고, 샌프란시스코에 거주하면서 카멜라라는 딸을 낳고 한동안 미국 생활을 하게 된다. 패티 김은 미서부에 오빠와 언니들이 오래전부터 정착해 살고 있어 늘 미국을 제2의 고향

처럼 생각하고 있으며, 엘에이는 친정집 같다고 이야기하곤 했다.

패티 김이 미국과 한국을 오가며 바쁘게 활동하던 2002년 봄, 미주 『중앙일보』사와 우리 사무실, 현대화랑(대표: 김학용)이 공동 주최하여 '패티 김 초청 사랑의 음악회'를 마련하게 된다. 그동안 패티 김은 미국에서 디너쇼 위주로 호텔 공연을 주로 하였기에 일반 대중들이 참석하기에는 한계가 있다고 생각하여 장소를 파사데나 시빅 오디토리움(3,030석)에서 올리기로 하고, 마침 가수의 꿈을 키워 나가며 UCLA에서 공부하고 있던 그의 둘째 딸 카멜라를 게스트로 하여 모녀가 한 무대에서 노래하는 모습을 보여주기로 하였다. 또한 패티 김이 미국에서 공연할 때면 항상 함께하는 외국인들로 구성된 18인조 전속 팝스 오케스트라도 이번 공연에 참여시키며 수준 높은 음악회 준비에 여념이 없었다.

무대 위의 패티 김은 언제나 철저하다. 심지어는 무대의상을 입은 뒤에는 의자에 앉지도 않는다. 무대에 오르기 전까지 계속 고민하고 계획하며 철저하게 준비를 한 뒤에야 무대에 오른다. 2002년 3월 2일, 파사데나 시빅 오디토리엄 3,000여 석을 가득 메운 청중 중에는 부부동반의 중·장년층이 대부분이었지만, 부모님을 모시고 공연장을 찾은 젊은 부부들의 모습도 눈에 띄었다.

콘서트는 시작부터 웅장했다. 전속 오케스트라의 팝 스타일로 편곡된 베토벤의 「운명 교향곡」과 함께 무대에 오른 패티 김은 오랜만에 다시 찾은 LA 무대에 한인들이 열렬한 성원을 보내주어서 고맙다는 인사말을 시작으로 추억어린 히트곡들을 열창했다. 「가을을 남기고 간 사람」, 「초우」, 「이별」 등 자신의 대표곡과 「My Way」, 「Adoro」, 「Till」 등의 유명 팝송들을 선사한 패티 김은 특유의 화려하고 세련된 무대 매너로 연주곡들을 소개하며 간혹 오케스트라와의 사인이 맞지 않을 때는 지휘자가 있음에도 노래를 부르며 악단을 살짝 지휘하는 모습도 보여주면서 공연을 이끌어 나갔다.

특히 패티 김과 그의 딸 카멜라가 함께하는 듀오 무대에서는 청중들의 뜨거운 환호와 박수갈채가 이어졌다. 밝고 경쾌한 멜로디의 「사랑하는 마리아」, 「그대 없이는 못 살아」에서는 청중들이 코러스가 되어 함께 노래 부르도록 리드하는 등 시종일관 활기찬 분위기의 무대를 연출하기도 하였다. 역시 '국민 디바' 패티 김은 관객들과 어떻게 호흡하고 소통하는지를 잘 알고 있었다. 가슴 벅찬 공연의 현장에는 언제나 패티 김이 있었다.

온 국민의 사랑 속에 반세기가 넘게 노래를 불러온 우리의 국민가수 패티 김, 이제 그녀가 우리 곁을 떠난다.

"태양이 떠오를 때는 참 밝고 희망적인 모습을 보이지만, 석양이 질 때는 그 노을빛이 온 세상을 붉게 물들이는 것처럼 언제나 그런 모습으로 여러분의 기억 속에 남고 싶다." 그녀가 남긴 말이다.

외로우면 생각나는 그때 그 여인

심수봉 'LA 콘서트'

　　　　　　　　노래와 창작에 재능이 있는 젊은 대학생들의 축제의 장인 MBC 대학가요제가 1978년 여름, 정동 문화체육관에서 열렸다. 2회째를 맞이하는 이번 가요제에는 두 번의 예선을 거쳐 선발된 전국의 대학생 21개 팀이 출전하여 듀엣 혹은 그룹사운드 형태로 팀을 구성하여 포크뮤직 또는 발라드곡을 위주로 열띤 경쟁을 벌였는데 유독 신민경(본명)이라는 명지대학교 여대생은 트로트풍의 「그때 그 사람」이라는 곡으로 그랜드 피아노를 치면서 애절하게 노래를 부르는데 그때 텔레비전 수상기 앞에 모여있던 우리는 큰 충격일 수밖에 없었다.

　대학가요제라는 젊음과 낭만의 음악축제 분위기와는 전혀 다른 트로트풍의 음악, 그것도 비음이 섞인 애절한 단조의 창법으로… 아니나 다를까? 그해 가요제는 신민경에게 아무런 상도 안겨주지 않은 채 「밀려오는 파도 소리에」를 부른 부산대학교 혼성중창 팀 '썰물'과 「돌고 돌아가는 길」을 부른 단국대학교 노사연에게 대상과 금상이 수상되었다. 신민경이 상위권에 들지 못했던 그 이유가 어디에 있었을까? 지나치게 프로 냄새가 나서일까? 아니면 당시 대학가에서 유행하던 음악과는 리듬과 정서가 달라서일까? 궁금해하면서도 이상한 일은 그 가요제 이후 우리는 명지대 여대생이 부른 「그때 그 사람」을 모두가 기억하고 있었다는 사실이다.

본래 심수봉은 어릴 적부터 음악인 가정에서 성장하여 일찍이 피아노를 배웠고, 재즈 음악을 공부하여 대학가요제 출전 전부터 레스토랑, 호텔 등에서 피아노를 치며 노래를 부르던 무명의 밤무대 아르바이트생이었다. 그날 이후 신민경은 심수봉이라는 예명으로 지구레코드사에서 「그때 그 사람」, 「젊은 태양」을 취입하게 되고, 이 곡들이 방송을 타면서 전국적인 인기 가요로 상승되자 심수봉은 하루 아침에 무명 신인에서 신데렐라가 되어 있었다.

그러나 1979년 10월 26일 궁정동 모처에서 기타를 치면서 일본 엔카를 멋들어지게 부르던 심수봉은 눈앞에서 박정희 전 대통령이 저격당하는 역사적인 사건 현장에 있게 된다. 소위 10.26 사건이다. 심수봉은 이 사건과 연류되면서 정부의 감시를 받게 되고, 심지어는 정신병원에 강제 입원되어 약물 주사를 투여 당하는 등 말할 수 없는 고통 속에서 1개월을 보낸 후 심령학자였던 첫 남편과도 강제 이혼을 당하게 되고, 가수로서도 모든 활동이 중단된 채 심수봉의 비극적인 1막은 내리게 된다.

그 후 1984년 1월, 4년 만에 방송 출연 정지가 풀리게 된 심수봉은 재기를 꿈꾸며 「남자는 배 여자는 항구」를 발표했다. 이 곡으로 서서히 인기를 회복하며 대중들의 사랑을 받게 되고 이어서 1987, 1988년에 발표한 「사랑밖엔 난 몰라」, 「미워요」가 여성들에게 폭발적인 반응을 일으키면서 명실공히 국민가수로 우뚝 서게 된다.

그러나 다시 재기에 성공한 심수봉은 재혼 후 9년 동안 떨어져 있었던 딸의 문제로 걱정하고 있었다. 그러던 중 아이돌그룹 '핑클' 덕분에 9년 만에 헤어져 있던 딸을 만나게 되고, 심수봉은 오로지 딸과 둘이서 시간을 보내야겠다는 생각으로 모든 가수 활동을 중단한채 딸과 함께 2002년 미국 유학길에 올랐다. 뉴욕 맨해튼에서의 생활은 오로지 딸을 위해 정성을 쏟는 시간이었다. 엄마와 온전히 시간을 보내서인지 딸의 상처도 서서히 치유되었고, 엄마의 마음도 이해하게 되었다.

심수봉의 미국 생활이 끝나던 2004년 9월, 그녀는 귀국길에 엘에이를 방문하게 된다. 이곳에 있는 『스포츠서울』 USA가 창간 5주년을 맞이하여 심수봉을 초청하여 기념 콘서트를 열기로 하였다. 그 당시 나는 『스포츠서울』 USA 사업국장으로 재직하던 시절이다.

엘에이에 도착한 심수봉은 평소 때보다 더 많은 연습 시간을 요구한다. 오래간만에 서는 무대인지라 라이브 공연에 따르는 부담감을 연습으로 해결할 모양이다. 그런데 연습 도중 현지에서 구성된 연주자들과 호흡이 맞지 않자 교체해 달라는 부탁이다. 공연 하루를 앞두고 연주인 6명을 교체한다는 것은 거의 불가능한 일인데 음악적으로는 절대 양보를 하지 않는 심수봉의 까다로운 성격을 알기에 그날 저녁 내가 알고 있는 모든 라인을 동원하여 밤 10시가 되어서야 연주자를 교체할 수 있었다. 심수봉은 새벽까지 그들과 연습하며 좋은 공연을 위해 밤을 새우고 있었다.

9월 4일 주말 저녁, 윌셔이벨극장에서는 화려한 핑크빛 드레스를 입은 심수봉이 코러스의 화음에 맞추어 「그때 그 사람」을 부르며 등장한다. 세월이 지나도 변하지 않는 그 자태와 그 목소리, 그녀는 관객들 앞에서 "많은 무대를 서보았지만 오늘은 동포 여러분의 사랑이 온몸으로 느껴지는 밤입니다."라는 오픈 멘트와 함께 「남자는 배 여자는 항구」, 「무궁화」, 「백만 송이 장미」, 「사랑밖엔 난 몰라」 등 주옥 같은 히트곡을 들려주면서 처음으로 댄스도 선보인다. 객석의 관객들은 박수 소리마저도 잊은 채 심수봉이 부르는 애절한 노래 속에 빠져 공연 2시간이 언제 지나갔는지 모를 정도로 콘서트는 아쉬움 속에 막을 내렸다.

심수봉, 우리 시대의 아픔을 온몸으로 체험한 여인, 세월은 흘러 20대 초반의 젊은 여대생이었던 그녀는 이제 60대 후반의 깊고 그윽한 향이 나는 여인이 되었지만, 지금도 우리의 추억 속에 늘 함께하고 있다.

따뜻한 두 남자 이야기

이광조, 변진섭 릴레이 콘서트

　　　　　　십 년쯤 전인가 나는 서울 예술의 전당 너른 잔디밭의 야외 공연장에 있었다. 이광조 콘서트 무대였다. 열광적인 마니아들이 많이도 모였고, 다들 일어서서 춤추며 그의 매력에 흠뻑 젖어들었다.

　아! 오늘 같은 밤…. 그 밤은 정말 멋졌다. 그가 쏟아내는 사색적인 멜로디와 가사에 나는 참 어쩔 줄 모르며 행복했었다.

　"그냥 스쳐 지나갈 바람이라면/ 모르는 타인들처럼/ 아무 말 말고 가세요"

　그 대목에서 왜 그리도 가슴이 아팠던지 어떻게 한 남자의 고음이 그리도 애절할 수가 있단 말인가?

　일곱 해 전에는 동숭동 소극장에서 열리는 변진섭의 콘서트에 간 적도 있었다. 그의 열성 팬들은 좀 더 젊었고 소리를 지르고 깡충깡충 뛰기까지 했다.

　이럴 때면 내 나이의 어중간한 젊음은 참 난처하기도 하지만 사실 그의 슬로우 발라드야 내 나이쯤 되어야 그 절절한 의미를 알 수 있지 않겠는가?

　변진섭의 부드러운 음색은 고운 노랫말을 더욱 서정적으로 만들어주는 감미로움이 있다.

"이별은 두렵지 않아/눈물은 참을 수 있어/하지만 홀로 된다는 것이 나를 슬프게 해"

나는 이별도 두렵고, 눈물도 참을 수 없다. 그래서 이런 역설적인 가사를 따라 부르지만, 그 애절함이 가슴을 치곤 했다. 그의 차분하고 호소력 있는 음색으로 위로를 받는 이가 어디 나뿐일까?

대한의 변덕 부리는 연인들은 모두 너에게로 또다시 돌아오기가 왜 이리 힘들었을까를 부르며 아름답게 되돌아올 수 있었다.

나는 이제 청바지도 안 어울리고 먹기만 하면 배도 나오고 목젖이 보일까 봐 입 가리고 웃지만, 그의 「희망 사항」을 들을 때마다 즐겁다.

감히 여자에게 지나치게 기대하는 무례함이 우습고, 어찌 되었던 바라는 것을 말이나 하고 보자는 방자함이 귀엽고, 자기가 원하는 걸 분명히 알고 있는 겁 없는 소신도 재미있다. 이런 즐거움은 '변진섭'이기에 가능한 것이다.

이광조와 변진섭류의 낭만에 열광하던 나는 이제 이곳 LA에 온 지 6년이 되었다.

경험하신 분들은 알 것이다. 이국 생활이 얼마나 사람을 속수무책으로 외롭게 하는지를. 그저 숨을 쉬는 일, 바람을 맞는 일조차 외롭고, 심지어 일주일에 한 번 쓰레기통을 내어놓을 때 빈 쓰레기통을 질질 끌며 들어올 때도 외롭다.

프리웨이를 달릴 때도, 운전하며 날리는 머리칼을 쓸어 올릴 때도, 스타벅스의 커피를 사려고 줄 서서 기다릴 때도 외롭다. 이국땅에서

외로움이란 그저 일상에 스며있는 공기 같은 것이다.

그래서 이곳에 온 이후로 이 두 남자를 더욱 귀히 여기게 되었다. 그들의 노래는 특별한 카타르시스로 외로움을 몰아낸다. 프리웨이를 달리며 그들의 노래를 크게 따라 부르다 보면 세상이 참 아름답고 경쾌하게 다가온다. 외롭던 공기가 나의 체온처럼 더워지고 슬프고 서정적인 노래를 따라 부르다 보면 이상하게도 슬픔은 사라지고 세상이 아름다워지는 치유 효과가 있다.

2007년 신년 벽두에 이 두 남자가 동시에 엘에이에 온다니 정말 반갑다. 그것도 릴레이 콘서트로 이틀간 이루어진다니 이것처럼 즐겁고 신나는 일이 또 있을까?

이번 에이콤에서 기획한 콘서트를 통하여 그들의 서정적인 호소를 만나고 싶다. 노래로 풀어놓는 따뜻한 두 남자의 이야기를 실컷 듣고 싶다.

김수현(작가)

내 사랑 코리아타운

작사: 이경진
작곡: 김정강
노래: 박성서
Tina Won

Reggae ♩= 90

LA 한인 사회 문화예술인들의 재능기부로 만들어진 우리들의 노래입니다.

제3장

미주 『한국일보』, 『중앙일보』 오피니언에 게재한 글 모음

한인 연극계의 신년 소망

대학로 초청 연극 「최고의 사랑(이영수/각색, 박석준/연출)」이 지난 12월 5일 시작돼 3주간에 걸쳐 총 14회 공연으로 LA 한국교육원 1층 소극장에서 막을 내렸다. 연말 분위기로 접어드는 때라 장기 공연으로 이어가기에는 다소 무리가 있었음에도 예정대로 막은 올랐고, 관객이 많을 때나 적을 때나 배우들은 변함없이 무대에 섰다.

대학로에서 3년째 관람률 1위의 연극이라는 소문 때문인지 멀리 샌디에이고를 비롯한 인근 각지에서 찾아온 관객들은 무대 위 배우들과 함께 웃고 울며 소극장 연극의 매력에 빠져들었다.

전체 객석 200석 중 30%의 점유율을 보이면서 900여 명이 「최고의 사랑」을 감상했다. 객석 점유율 30%가 이번 공연의 결과라면 손익분기점에도 미치지 못하는 실패한 연극이나 다름없다. 하지만 아직도 연극 인구가 형성되지 못하고 있는 LA 연극제의 현실을 생각해 볼 때 그래도 900은 희망의 숫자이다. 이들 관객들은 우리가 좋은 무대를 만들 때는 언제든지 힘이 되어 줄 수 있는 무형의 자산이라고 생각되기 때문이다.

이번 연극은 지난여름 월셔이벨극장에서 창작 연극 「행복을 찾아서(박석준 연출)」 초청 공연을 올린 바 있는 대학로 '준 컴퍼니'와 에이콤이 다시 한번 손잡고 기획한 '대학로를 꿈꾸며' 두 번째 프로젝트였다. 최소한 1년에 한두 편의 대학로 우수 연극을 동포 사회에 소개하여 침체된 연극계의 활력도 불어넣고, 연극 인구 저변 확대와 활성화에 일조하자는 두 기획사의 '연극 사랑' 약속이 이루어진 것이다. 조건 없이 공연에 참여한 박석준 대표를 비롯한 대학로 배우들과 스태프에게 진심으로 감사를 드린다.

나는 요즈음도 120개 소극장에서 365일 연극 공연이 이루어지고 있는 대한민국 문화 1번지 대학로를 생각하며 부러움과 함께 우리 이민 사회의 현실과 비교해 보곤 한다. 물론 동포 사회 연극계도 문화부흥기 시절이 있었다. 80년대 동포 사회의 성장과 함께 시작된 소극장 운동이 90년대에는 'LA 연극제'를 개최할 만큼 로컬 연극 공연이 많았다. 90년대 중반부터는 한국의 대표 극단들의 LA 공연도 활발해져 이곳 연극인들에게 좋은 자극제가 되기도 했다. 그러나 2000년대에 들어서면서 무대 예술의 절대적 권위를 영화나 드라마에 빼앗기고, K팝을 비롯한 한류 열풍의 영향으로 연극 열기는 점점 식어갔다. 그나마 한두 개 명맥을 유지해 오던 동포 사회 극단의 활동도 부진해지면서 연극 인구의 감소와 함께 연극계의 총체적 쇠퇴기를 맞고 있다.

그러나 우리는 현실만 탓하면서 연극 활동을 멈춰서는 안 된다고 생각한다. "연극은 사회의 거울이다."라는 말이 있듯이 한 사회의 현실을 가장 직접적으로 반영하고 그 사회가 처한 모습을 짚어보는 것이 연극을 통해서 가능하다고 믿기 때문이다.

서울에서 초청된 연극이든 로컬 연극 극단의 연극 활동이든 연극인들이 다시 한번 열심히 노력하고 활동하는 모습을 보여줄 때 관객은 다시 공연장으로 모여들 것이라 믿는다. 아울러 기업과 문화가 만나는 메세나 운동도 자연스럽게 이루어져 좀 더 나아진 제작 환경 속에서 예술 활동을 펼칠 날이 새해에는 오기를 희망한다.

2015. 1. 3. 『중앙일보』

한인 사회 공연이 침체된 이유

얼마 전 LA에서 대한민국의 노래하는 밴드 '장미 여관'의 초청 공연이 있었다.

장미여관은 KBS 프로그램 『불후의 명곡』과 MBC 프로그램 『무한도전』 「자유로 가요제」를 통해서 「봉숙이」와 「오빠라고 불러다오」 등으로 인기를 얻으면서 2014년 대한민국문화연예대상 K-POP 10대 가수 상을 수상한 인기 그룹이다.

무대에서는 관객들에게 언제나 유쾌한 반전을 선물하는 장미여관은 미주 공연 기획자들 사이에서도 꽤나 순위 높은 섭외 대상이었다. 그럼에도 불구하고 이번 미주 공연에서 장미여관의 공연 티켓 예매율은 예상에 못 미치는 의외의 결과로 기획자들을 놀라게 했다.
2016년만 해도 본국에서 1월부터 9월까지 콘서트를 50여 회나 열었고, 티켓이 전회 매진됐던 장미여관의 티켓 파워에 견주어 볼 때 이곳에서의 현상은 말 그대로 뜻밖이었다.

최근 한인 사회에서는 장미여관과 비슷한 사례로 꼽히는 경우가 적지 않다. 지난 5월에는 90년대 최고의 스타들로 구성된 '토토즐(토요일 토요일은 즐거워)' 공연 팀이 LA 포럼에서 공연하기로 예정됐지만, 티켓 예매율이 너무 저조해 LA 공연은 초기에 막을 내리고 뉴욕 공연만 강행할 수밖에 없었다.

2014년에는 미주 공연 때마다 관객 호응이 높았던 이문세 콘서트가 객석 점유율이 50%를 밑도는 저조한 공연 결과를 기록했다. 라이브의 황제로 불리는 이승철 미주 투어가 취소되는 해프닝도 공연 비자가 원인이었지만, 티켓 판매가 원활하지 못했던 점도 빼놓을 수 없는 이유 중 하나였다.

이문세, 이승철이 누구인가? 5만 석에 이르는 한국 잠실구장 공연을 일시에 매진시키는 발라드 황제 계보 1, 2위가 아닌가? 또한 역대 LA 공연에서도 전 좌석을 매진시켰던 그들이 몇 년 사이에 LA 공연에서 연이어 실패를 거듭하는 이유는 어디에 있을까?

그 원인은 불경기를 비롯하여 여러 가지가 있겠지만, 그중 하나가 LA 인근 카지노에서 한 달에 한 번꼴로 한국 가수들을 초청하여 고객들에게 초대권을 증정하고, 무료 입장권을 일반인도 쉽게 구할 수 있는 분위기가 되면서 공연 입장권에 대한 인식과 가치가 떨어지고 심지어는 일반 공연 입장권도 쉽게 구할 수 있다는 생각에서 표를 구입하지 않는 심리가 작용한 점도 원인 중에 하나로 지적할 수 있겠다.

물론 고객을 위한 카지노 공연이 잘못되었다는 것은 아니다. 다만 요즘처럼 공연 과잉 현상을 조절하기 위하여 관계자들이 공연 시기 등 서로 간의 정보를 공유함으로써 좀 더 효율적인 콘서트를 무대에 올리자고 제안하는 것이다.

또 한 가지는 늘 말해 왔듯이 한인 사회에 오래된 공짜표 문제다.

공짜표가 공연계의 발전을 가로막는 암초라는 지적에는 모두 공감하면서도 공연이 가까워지면 객석의 빈자리를 채우기 위해 표를 돌리는 공연 관계자나 또 그 표를 바라고 기다리는 관객들의 기대 심리도 바뀌어야 한다고 생각한다.

공연 입장권은 어엿한 문화상품이다. 공짜표를 원하는 것은 남의 상품을 거저 달라는 것과 다를 바 없다. 공짜표를 돌려 발권은 되었지만, 막상 공연 당일 날 관객이 오지 않는 'No Show' 현상도 공짜표 발행에서 기인된다는 것을 우리는 깨달아야 한다. 쉽게 얻은 것은 쉽게 버리는 이치다.

공짜표는 초청 아티스트에 대한 예의도 아니며, 최소한 제값을 치르고 공연장을 찾은 공연 애호가들이 공짜표 때문에 조금이라도 불편하고 피해를 보아서는 안 되기 때문이다.
이제는 동포사회 공연문화 발전과 성숙을 위해서라도 공짜표는 정말 사라져야 할 것이다.

2016. 11. 10. 『중앙일보』

LA 연극인에 박수를

　　　　　　인류역사와 함께 발생하여 성장과 발전, 투쟁의 과정을 거친 연극은 지난 수 세기 동안 대중예술의 왕자적 위치를 고수하면서 지금의 고급예술로 정착해 왔다.

　이러한 연극이 위기를 맞고 있다. 서울이나 지방 그리고 미국이나 한국을 떠나서라도 대중예술의 절대적 권위를 영화나 드라마에 빼앗기고 관객들에게 외면당하고 있는 것이다. 영상미디어의 발달이 연극의 부진을 부채질한 게 사실인 모양이다.

　현대 연극의 대부 스타니 스랍스키는 몰라도 개그맨 강호동을 모르는 사람은 없다. 지금 대한민국에서는 연극영화 관련 학과가 150여 개에 이른다고 한다. 입시철만 되면 수많은 대학이 유명 연예인을 신입생으로 유치하기 위해 혈안이 되어있고, 대학은 스타 제조 공장으로 전락하고 있는 게 아닌가 하는 느낌을 받기도 한다.

　더욱 비참한 현실은 매년 수천 명 이상 쏟아지는 연기 학도들이 있건만 모두가 일약 스타를 꿈꾸지 정작 대학로에는 연극 전공자들이 많지 않다는 현실이 웅변으로 말해 준다.

　필자는 지금의 'LA 극단'을 지켜보면서 솔직히 말해 가슴이 저려 온다. 본인이 80, 90년대에 겪었던 그 경험들을 지금의 연극인들이 다시 반복하고 있다는 사실에 전율을 느꼈다면 누가 믿을까?

　로컬 연극에 대한 관객의 무관심이 이 땅에 오랫동안 자리를 잡아온 초대권 문화, 문화예술 단체에 대한 관심과 지원의 부재, 열악한 공연장 환경, 전문 마케팅 부족으로 이어져 생활고에 시달리면서 밤

늦도록 연습을 해야 하는 이곳 LA의 연극인들에게 존경과 함께 위로의 술잔을 건네고 싶다.

연극이 위기다. LA 연극계는 더욱 그렇다. 그렇다고 그 원인을 외부로만 돌리고 푸념만을 늘어놓을 때가 아니다. 각고의 노력으로 자신의 역할에 충실하여 책임성 있는 무대를 만드는 것이 위기의 시대에 연극인들이 가져야 할 마음자세가 아닐까?

연극이 출세의 수단도 아니고 돈벌이가 될 수도 없다. 그렇다고 자신의 이글거리는 욕망의 분출구도 아니다. 이제 한인 커뮤니티도 비약적인 성장을 했고, 여러 분야에서 두각을 나타내고 있다. 정치권 진입도 좋고, 대형 부동산 매입도 중요하다. 그러나 연극은 '인간 영혼의 생활을 무대에서 재창조'하는 위대한 예술이다. 우리 연극인들이 작품 활동에만 전념할 수 있는 환경이 절실히 요구된다. 연극을 사랑하시는 많은 분들의 특별한 관심을 부탁드린다.

다시 한번 LA 단원들에게 박수를 보낸다. 더욱이 2년 만에 막을 올리는 「LA 자살자 관광버스(아르토파실린나/원작, 김유연/연출)」 공연이 성공하기를 진심으로 기원한다. 이번 연극이 한인 연극계의 르네상스 시대를 여는 힘찬 출발점이 되었으면 하는 간절한 바람이다.

2009. 10. 15. 『중앙일보』

윤소정 선생님 영전에 부쳐

윤소정 선생님!

지난 4월 초 연극인 후배 결혼식 참석 겸 이곳 LA를 방문하셨던 선생님의 건강한 모습이 아직도 눈에 선한데 이 무슨 날벼락 같은 비보를 접해야 하는지요? 항상 밝은 웃음과 친근한 모습이 선생님의 상징이었는데, 서울에서 날아온 급보가 지금도 믿어지지 않습니다.

생각해 보면 선생님은 LA 연극인들을 무척이나 사랑하셨던 예술인이셨습니다. 남편이신 오현경 선생님과 함께 2년에 한 번 봄과 가을에 맞춰 이곳을 방문하시곤 하셨는데, 그때마다 우리에게 생생한 고국 연극계의 소식을 전해 주시고 때로는 가교 역할을 해 주셔서 우리는 한국 최고의 연극을 이곳에서 감상할 수 있는 행운을 누린 적이 한두 번이 아니었습니다.

특히 선생님과 이호재, 김재근 선생이 LA에서 함께 열연한 연극 「누군가의 어깨에 기대어」는 찌는 듯한 그 여름의 무더위 속에서도 장기 공연을 강행해 주셨던 선생님의 연극 열정과 사랑이 있었기에 가능했다고 지금도 이곳 연극인들 사이에서도 회자되고 있습니다.

선생님!

선생님은 지난 55년 동안 대한민국 연극무대에서 활동하시며 '대한민국 연기대상'과 '구히서 연극상', '올해의 연극인상', '이해랑 연극상', '동아 연극상' 등 대한민국을 대표하는 연극상을 모두 수상한, 삶과 예술이 모두 빛나는 행복한 연극인이셨습니다.

몇 년 전 이해랑 연극상을 수상하신 후 이곳에 오셨을 때 저에게 하신 말씀이 아직도 귓가에 생생합니다. "이 대표! 상금으로 오천만 원을 받았는데, 반 이상은 후배 연극인들 사기 진작시켜 주느라 축하주 사는 데 다 썼어. 나는 술 한 잔도 못 마시는데!"라고 큰 웃음으로 기분 좋게 말씀하시던 정겨운 모습이 오늘따라 더욱 그립습니다.

LA 방문 중에도 이곳 극단들의 연극 공연이 있으면 찾아오셔서 입장권을 구입하시고 격려금도 챙겨주시던 선생님의 자상한 모습은 한국이나 LA에서나 다를 바 없었던 것 같습니다.

선생님!
저에게 딸 오지혜와 함께 엘에이 무대에 서고 싶다고 하셨던 연극 「굿나잇 마더」는 영원히 미완으로 남기신 채 멀고 긴 여행을 떠나셨군요.

선생님!
그토록 사랑하시던 대한민국의 연극은 365일 연극을 꽃피우기 위해 혼신을 다하고 있는 자랑스러운 후배들에게 맡기시고, 이제는 대학로 마로니에 거리를 환히 비추는 큰 별이 되어 영원히 우리와 함께 하시기를 기도드립니다.

2017. 6. 21. 『한국일보』

세계인의 '깐부'가 되다

드라마 『오징어게임』으로 전 세계에 돌풍을 일으킨 '깐부' 할아버지 오영수가 지난 1월 9일 79회 골든글로브 시상식에서 TV 부문 남우조연상을 수상했다는 반가운 소식을 들었을 때 한국 배우 최초의 경사여서 온 국민과 해외 동포, 특히 연극인들의 기쁨은 이루 말할 수 없었다.

연극배우 박정자 선생은 "오영수는 무대를 통해 자신을 담금질하고 또 이겨내고 그 불길 속에서 타오르는 배우"라고 평가했다. 5년 전 연극 「장수사회」로 LA를 찾았던 원로배우 신구 선생은 그에 대해 "화려한 스포트라이트를 받는 배우는 아니더라도 항상 연극 속에서 조용하게 자기의 역할을 충실히 해내는 진정한 배우"라고 말했다. 이렇게 오영수 배우는 지난 58년 동안 배우로서 탄탄한 신념과 철학, 오랫동안 무대에서 쌓아온 노력이 뒤늦게 조명되며 이제는 세계인의 '깐부'가 되었다.

오영수 선생과 LA 한인들과의 만남은 국립극단 배우 시절인 1994년이다. 그 당시 국립극단 단장인 (고) 장민호 선생의 배려로 국립극단 대표 작품인 「피고지고 피고지고(이만희/작, 강영걸/연출)」를 LA 다운타운 엘에이 시어터에서 5회 공연으로 무대에 올릴 수 있었다.

이 작품 속에서 '국전' 역으로 분한 그는 다소 딱딱할 수 있는 철학적 주제를 노련하게 유머로 이끌어 가면서 관객들의 폭소를 자아내게 했다. 그때 빛났던 연기를 아직도 기억하고 있다. 이 초청 연극을 계기로 동포 사회에서는 연극에 관심이 일기 시작하였고, 이후 대학로 우수극단 초청연극이 20여 편이나 이뤄져 그야말로 동포 사회는 연극 르네상스 시절이었다.

그 추억을 생각하며 공연에 참여했던 (고) 장민호, 오영수, 김재건, 이문수, 송봉숙 등 국립극단 연기자와 스태프, 작가 이만희 교수, 연출 강영걸 선생 그리고 LA 출신 연극인 친구 한대호에게도 깊은 감사를 드린다.

지금 대학로 티오엠 극장 1관에서는 오영수 선생이 골든글로브 수상을 전후해 선택했던 연극 「라스트 세션(마크 세인트 제미인/작, 오경택/연출)」이 전체 예매 순위 1위를 기록하며 대학로 연극계의 새로운 역사를 쓰고 있다. 이 작품은 오프 브로드웨이에서 2년 동안 775회 공연 기록을 남기며 2011년에는 미 최우수연극상을 수상했다. 대중성과 작품성을 모두 인정받은 보석 같은 연극이다.

그는 이번 작품에 대한 소회에서 "『오징어게임』을 통한 수상 이후 주변에서 나를 많이 띄워놓았는데, 자제력이나 중심이 흩어지지 않을까 걱정하던 차에 품격 있는 좋은 연극을 만나 다시 중심을 잡을 수 있어 다행이다"며 "소중한 고객들의 시간이 헛되지 않도록 최선을 다하겠다"고 말했다. 그의 삶에서 나오는 진솔한 말에 고개에 숙여진다.

연극 「라스트 세션」이 한국에서 서울과 지방 공연의 일정을 마치고 LA 무대로 찾아와 그를 만날 수 있기를 희망한다.

2022. 1. 19. 『중앙일보』

가수 유익종이 보내온 편지

　　　　　동포 사회에도 꽤 많은 팬이 있는, 우리와 친숙한
포크가수 유익종이 얼마 전 안부인사와 함께 노래 한 곡을 보내왔다.
최성수가 곡과 가사를 쓰고 동료 가수 최백호, 이치현, 최성수 등 4
명이 함께 부른 「이번 생은」이라는 제목의 곡인데, 가사 중에 "언젠가
는 끝나리라, 모두가 지나가리라"는 코로나 극복을 염원하는 위로,
응원의 노래이다. 코로나19로 가장 많은 어려움을 겪고 있는 엘에이
동포들에게도 조금이나마 위로가 됐으면 하는 바람인 것 같다.

　평생을 라이브 무대를 통하여 팬들을 만나고 소통했던 가수들이기
에 모든 공연이 중단되고 아무것도 할 수 없는 코로나 상황에서 만
들어진 곡이라 반가움에 앞서 안타까울 뿐이다. 이 모든 상황이 지
나고 좋은 날이 돌아오면 엘에이에서 다시 만나자며 그때까지 힘내고
용기를 잃지 말라는 유익종의 마지막 글이 마음을 착잡하게 한다.

　코로나 19가 문화 예술계의 판도를 바꾸었다. 서울과 마찬가지로
동포 사회 공연계도 직격탄을 맞았다. 지난 10여 년 동안 한두 달이
멀다 하고 경쟁하듯 이루어졌던 각종 콘서트는 전면 중단되었으며,
무대를 통한 문화예술인들의 활동도 멈출 수밖에 없다는 어두운 소
식만이 들려 올 뿐이다.

　골드만 삭스의 발표에 의하면 올해 콘서트를 비롯한 각종 라이브
음악 산업은 75% 이상 줄어들 것이라고 예상하였다. 또한 포스트 코

로나 이후에는 관객 없는 공연을 하고 온라인으로 보여주는 공연 방법이 대세가 될 것이며, 극장 공연도 철저한 방역 강화와 거리 두기 좌석제 실시를 시행하는 극장만이 운영될 것이라고 전망하고 있다.

이는 동포 사회의 열악한 환경에서 공연 제작비 대부분을 유료 티켓으로 마련해야 하는 이곳의 현실로는 매우 어려운 부분이 될 것이라 생각한다.

그러나 우리는 이 현실을 탓하기보다는 문화예술인들의 공연을 보면서 추억을 향유하고 이민자의 삶에서 활력을 찾는다는 동포들을 생각할 때 우리의 문화 활동이 멈춰서는 안 될 것이다. 지금은 우리 모두가 위축되고 있지만, 문화예술인들은 이 고통 속에서도 계속 새로운 꽃을 피워 내는 것이 문화예술인의 책무라고 생각한다. The Show Must Go On!

2020. 7. 7. 『중앙일보』

노래 「아침이슬」 50주년

대한민국 국민들이 애국가 다음으로 많이 애창한 노래, 「아침이슬」은 50년 전인 1971년 6월에 발표되었다.

현재 다양한 뮤지컬 제작을 통하여 한국 뮤지컬계의 새로운 역사를 쓰고 있는 극단 '학전' 김민기 대표가 작사, 작곡을 한 포크 록 장르의 음악으로, 가수 양희은의 데뷔곡이 되면서 국민가요가 된 전설적인 노래이다.

발표 당시 대한민국의 억압된 정치 상황을 은유하는 듯한 가사로 대학생들 사이에서 큰 인기를 얻었으며 동시에 억압과 감시의 대상이 되기도 하였다.

한편으로는 이 노래가 발표되었을 때, 트로트 중심의 식상한 한국가요를 한 단계 높이며 새 지평을 열었다는 음악 평론가들의 찬사를 들었던 김민기 신드롬의 일화들을 지금도 우리는 기억하고 있다.

대중음악 사가들은 대한민국 포크음악의 원년을 1960년대 중반으로 기준하지만, 김민기에 의해 만들어진 70년대 초의 음악들이 본격적인 포크음악의 시작이었다고 해도 크게 무리가 아닐 것이다.

그가 작사, 작곡한 노래들은 그 시절 힘들고 지친 서민들의 삶을 위로하였고, 젊은이들에게는 꿈과 자유, 평화를 심어주었던 음악으로, 특히 노랫말, 감성 메시지 전달에 있어서는 독보적이라 할 수 있 겠다. 우리가 뛰어난 예인 김민기를 만난 것은 그 시대의 축복이라고 감히 말하고 싶다.

지금 서울에서는 「아침이슬」 50주년'을 기념하여 김민기 '헌정 앨 범'을 준비하고 동료 후배 가수들이 함께 '헌정 콘서트'도 계획하고 있다고 한다. 방송에서는 50주년 특집 프로도 준비 중이며, 미대 회 화과 출신인 김민기와 그의 노래 「아침이슬」을 모티브로 하여 각 분 야 아티스트들이 공동 참여하는 기획 전시회도 개최할 예정이라는 소식을 전해 듣고, 의미 있는 50주년 기념행사를 이곳 미주 땅에서 도 함께 나누기를 소망해 본다.

오래전 가수 김민기의 한인사회 초청공연을 시도해 보았지만, 가 수로서는 어떤 무대에도 서지 않는 그였기에 만날 수가 없고, 뮤지컬 제작자로 그가 1994년에 기획하여 공연 횟수 4,170회를 넘기며 대한 민국 최다 뮤지컬 기록을 경신한 뮤지컬의 교과서 「지하철 1호선」의 초청 공연이 이루어져서 지금도 여전히 우리 곁에 숨 쉬고 있는 김민 기의 체취를 느끼고 싶다.

2021. 7. 22. 『중앙일보』

이 시대 마지막 변사의 '먹물 누아르'

　　　　　　　연극배우이자 변사, 개그맨, 싱어송라이터이면서 라디오 DJ로 활동 중인 만능 엔터테이너 최영준이 최근 직접 그린 수묵화에 함축된 에세이를 수록한 『내가 피카소 할애비다(도서출판 김영사)』를 출간하였다. 그는 출간에 앞서 "배움 없이, 연습 없이, 경험 없이, 본능을 믿고 불가능한 미션에 도전하였다"며 "완전 초보가 작가의 최대 강점이 될 수 있다는 점을 보여주고 싶었다"고 밝혔다. 첫눈에 띄는 책 표지 광고만 보더라도 "보는 놈이 임자다! 사는 놈이 횡재다!"라는 다소 파격적인 마케팅 전략을 구사하며 출판계의 화제가 되고 있다.

　'이 시대의 마지막 변사'라는 별칭을 가지고 있는 최영준은 지난 30여 년 동안 무성영화 「이수일과 심순애(감독 전유성)」, 「검사와 여선생(감독 전대룡)」, 「나운규의 아리랑(감독 이두용)」을 가지고 대한민국 방방곡곡을 다니면서 공연하고 LA 한인 사회도 10차례 이상 방문하여 우리와 인연을 맺은 친 LA 예술인이다.

　그가 데뷔 40주년을 맞는 10월, 제2의 고향 같은 LA에서 북 콘서트를 열기로 결정하고 그에 따른 실무를 에이콤과 진행 중이다.
　책의 내용은 「광대, 삶을 변주하다」, 「광대, 사랑에 물들다」, 「광대, 자연을 노래하다」, 「광대, 세상에 오르다」 등 총 4개의 챕터에 112편의 작품들이 수록되어 있다. 또 작품마다 다섯 줄 내외로 함축된 에세이는 삶의 희로애락, 가족 사랑, 자연 그리고 펜데믹에 이르기까지 다양한 주제를 관통하는 글과 그림들로 구성되어 있다. 다소 무거워질 수 있는 이야기도 최영준 특유의 유쾌하고 재치 있는 방법으로 담아낸 붓을 쥔 광대의 '먹물 누아르'라고 할 수 있다.

돌아오는 10월, 그동안 변사로만 우리에게 소개되었던 최영준이 광대 화가로 변신하여 별나게 살아온 그의 인생을 그림, 음악, 연기, 웃음을 통하여 모두 보여 줄 것이다.

팝아티스트 최영준의 'LA 북 콘서트'를 기대해 본다.

2021. 3. 21. 『한국일보』

문화의 힘, '메세나 (Mecenat) 정신'

코로나19 사태로 모든 공연·문화 활동이 멈춰버린 한인 사회 문화예술인들을 격려하고 후원하는 'LA 문화 사랑 메세나 모임'이란 작은 모임이 결성되었다는 반가운 소식이다. 한인 사회에서 활동하는 각계각층의 사업가 30여 명이 모여 만든 문화 사랑 모임이다.

우리에게 다소 생소한 단어인 메세나(Mecenat)의 어원은 고대 로마제국 시대의 아우구스트스(Augustus) 황제의 대신인 마에케나스(Gaius Clinius Maecenas)가 당대의 문화예술인들이 작품 활동에만 전념할 수 있도록 정신적, 재정적 지원을 했던 것에서 유래된 것이다.

미국의 경우는 1960년대 중반 록펠러에 의해 설립된 BCA(The Business Committee for Arts) 같은 단체들이 이 운동을 전개하여 전 세계적 메세나 활동을 이어가는 계기가 됐다.

한국은 1994년 한국 메세나 협회가 발족되어 비영리 사단법인으로 창립되면서 현재 230여 개의 각종 기업이 회원으로 가입해 다양한 문화예술에 대한 지원을 적극적으로 후원하고 있다.

이들 단체는 문화예술에 대한 지원을 통해 사회에 공헌하고 지역

사회 경쟁력에 이바지한다는 생각으로 기업과 문화예술 단체가 동반자적 관계를 맺을 수 있도록 주선함으로써 문화예술의 수준과 삶의 질을 높일 수 있다고 생각하는 후원 단체들이다.

'기업이 문화를 돕는다'는 취지만큼 뜻있고 의미 있는 단어가 또 있을까? 더구나 모든 문화 활동이 열악한 한인 사회 문화예술인들은 이 모임의 작은 격려만으로도 힘을 얻고 문화 활동에 더욱 전념할 수 있지 않을까 생각한다.

한인 사회와 친숙한 연극배우 손숙 선생이 3년 전 엘에이 공연에 와서 필자에게 전해준 이야기 중에 "내가 그 어려운 연극 공연을 55년 이상 이어올 수 있었던 것은 메세나 정신을 실천하는 보이지 않는 기업인들의 후원과 특히 모 대기업 회장 같은 분은 지금도 연극 공연이 있을 때마다 조용히 수천만 원의 입장권을 구입하여 연극 활성화에 큰 도움을 주셨기에 오늘의 한국 연극이 이만큼 자리 잡을 수 있었다"면서 "어려운 한인사회 문화환경이지만 묵묵히 활동을 이어나가면 후원의 손길은 가까운 곳에서 만날 수 있다"며 "열심히 정진하라"는 격려의 말씀이 새삼 떠오른다.

12월 1일 한인 사회에서 시작하는 '문화 사랑 메세나 모임'이 메세나의 뜻과 정신 그리고 실천을 통해 한인사회 문화발전에 일조하는 모임으로 거듭 발전해 나가길 기대해 본다.

2020. 11. 3. 『중앙일보』

착한 연극, 「동치미」를 기다리며

　　　　　　내년 5월, 가정의 달을 맞이하여 대학로 우수극단 연극 한 편이 LA 무대에 오를 예정이다. 요즘같이 모든 연극 활동이 일시에 정지되어 관극의 기회를 잃어버린 동포 사회 연극 팬들에게는 참으로 반갑고 기쁜 소식이다.

　해마다 오월이면 대학로에서 정기 공연으로 무대에 올려졌던 중견 극단 '글로브'의 휴먼 가족극 「동치미(김용을/작·연출)」가 내년에는 LA를 시작으로 샌프란시스코, 시애틀, 오리곤, 알래스카 등 서부지역 동포사회 순회공연을 준비하고 있다.

　「동치미」는 2009년 초연 이래 13년째 이어오는 웰 메이드 명품 연극으로 2013~2014년에는 대한민국 창조문화예술대상, 작품상, 인기상, 남녀 신인연기상, 특별상, 공로상 등 전 부분의 수상 이력을 가지고 있다. 또한 2015년 국회대상 '올해의 연극상'을 수상하며 꾸준히 작품성을 인정받았다. 초연 후에는 전국 60개 도시 순회 공연을 통해 백만 관객의 심금을 울린 기록도 자랑한다.
　출연진만 보더라도 연기인생 50년의 탄탄한 연기자 김진태 선생을 중심으로 이기석, 김계선, 지미리, 이효윤, 안재관, 안수현 등 대학로 연극을 이끌어가는 대표 배우들의 앙상블이 빚어낸 작품이다.

　또한 이 연극이 동명의 소설로 출간되어 오랜 시간 베스트셀러를 기록하며 스크린에서도 관객과 만나기 위하여 현재 영화사 알리스 필름에서 준비 중이며 국제영화제 출품도 기대하고 있다.

'이 세상 모든 아들, 딸들의 참회록'이라는 부제가 말해주듯 가정의 달에 온 가족이 함께 관람하며 가족과 가족애, 효와 형제간의 우애 등을 한 번 뒤돌아보는 의미 있는 연극이다.

이 연극을 관람한 한 문화 기자는 연극 후기를 이렇게 남겼다.
"남녀노소 누구랄 것도 없다. 산전수전 다 겪어내신 할아버지 할머니도, 중년 부부의 눈가에도 그들의 아들, 딸이자 손주인 듯 보이는 청년들의 입가에도 깊은 탄식과 함께 어느새 뜨거운 눈물이 줄기 되어 볼을 타고 흐르는 연극이다."

이 세상에서 가장 착하고 아름다운 연극 「동치미」는 우리 한인 사회에 깊은 감동과 함께 가족의 의미를 다시 생각해 보는 소중한 기회가 될 것이다.

2021. 11. 13. 『중앙일보』

제4장

한인 사회 봄맞이 연극 잔치
(1997년 한인 극단들의 연극 「오! 마미」,
「숨은그림찾기」 프로그램에 수록된 작가, 연출, 기획의 인사말과
문화계 인사들의 축하의 글)

향기로운 삶을 위하여…

우리 남가주 한인 연극계의 역사도 그럭저럭 20년이 넘었습니다.

성년을 넘겼으니 이제는 우리도 '어른다운' 연극을 해야겠다는 책임감을 느낍니다.

과연 어떤 것이 어른다운 연극일까요? 대답은 사람마다 다를 수 있을 것입니다만, 참으로 사람다운 삶, 향기로운 삶에 조금이라도 보탬이 되는 연극, 우리의 현실을 한구석이나마 진지하게 살펴보는 연극…. 그런 것들이 '어른다운' 연극이 아닐까 하는 것이 저의 생각입니다.

연극 「오! 마미(어머니)」의 주제는 구원의 문제입니다. 종교적인 명제가 이 연극의 주제인 셈입니다. 강파른 역사의 소용돌이 속에서 우리가 입은 영혼의 상처는 무엇으로 치유할 것인가, '기억 상실증'으로 상징되는 영혼의 질병을 극복하는 힘은 과연 무엇인가, 인종 간의 갈등을 넘어서기 위해서 필요한 것은 무엇인가…. 이런 문제들을 여러분과 함께 생각해 보고 싶습니다.

결국에는 '사랑과 용서'라는 대답이 나올 수밖에 없지만, 그 말들이 우리 현실 속에서 구체적인 힘을 갖기까지 우리는 참으로 많은 것들을 생각하고 아파해야만 할 것입니다.

연극이 그런 생각의 실마리만이라도 제공할 수 있다면 얼마나 뜻있고 고마운 일이겠습니까?

원로배우 최은희 선생님께서 참으로 열성적으로 좋은 모범을 보여주셨습니다. 뿐만 아니라 주상현 선생님을 비롯한 원로와 중견 연기자들은 물론 참신한 새 얼굴에 이르는 연극인들이 한마음 한뜻으로 모였습니다. 참으로 가슴 뿌듯한 일입니다.

감동적인 무대를 만들기 위해 투자한 그 순수한 정열은 참으로 아름답고 향기롭습니다.

누구보다 관객 여러분께서 그 아름다운 사람 냄새를 느끼시리라 믿습니다.

이 연극을 통해서 우리 사회에도 '원로'를 진심으로 대접하고, 그 든든한 연륜 위에 전통을 하나하나 쌓아가는 아름다운 풍토가 조성된다면 더 바랄 것이 없겠습니다.

우리 한인 사회에도 이제는 마음에서 우러나온 '기립박수'가 필요하지 않을까요?

장소현(연극 「오! 마미」 작가)

신뢰와 사랑과 꿈의 형상화

연극은 한 인간의 역사를 설명하지 않는다.

새로운 의미를 부여하는 집단의 표현으로 재창조된 것이어야 한다는 전제하에 역사의 희생자 '오! 마미'의 서글픈 역사가 신선한 감동으로 다가오도록 연극성을 회복하는 일이 우리의 과제였다.

연기자들의 집단적 움직임이나 극 중 암시적이고 유동적인 장치, 조명, 음향, 영상 처리 등은 이 목적을 위하여 조직적인 조화를 이루는 데 강력한 협력이 필요했었다.

비디오나 그 밖의 영상 처리 등은 관객들의 이성적 관찰이 방해되지 않도록 감정적 동화를 차단하는 데 도움이 되었으면 한다.

서사극 스타일로 구성된 이 작품의 수많은 장면의 변화를 효과적으로 표현하기 위하여 몽타주나 오버랩 같은 영화적 사고를 해야 했었다.

무엇보다도 연극의 사명은 우리들의 영혼의 소원을 실현하는 것이다. 이를 위해서 우리의 잊혀진 역사를 되살리며 오늘을 이겨낼 수 있는 신뢰와 사랑과 꿈을 형상화하고자 노력했다.

우리 모두 함께 내일의 참된 번영과 평화를 뜨겁게 약속하면서….

이효영(연극 「오! 마미」 연출)

소극장 운동 활성화에
도움이 되기를 바랍니다

옛날 우리 집 뒷방으로 가는 툇마루에는 "아위불탐위보"란 족자가 걸려있었다. 그 당시 나는 그 글의 내용이 무슨 뜻인 줄 몰랐을 뿐 아니라 '탐할 탐' 자를 '가난한 빈' 자로 읽곤 했는데 사실은 누렇게 퇴색된 그 족자에 신경도 쓰질 않았었다.

한참 세월이 흐른 후 그 족자에 쓰인 글은 유명한 주희가 한 말로, 그 내용은 어느 고을에 어질고 훌륭한 현감이 있었는데 어느 날 한 농부가 밭에서 커다란 옥덩이를 주워 바치면서 "어지신 현감이여, 당신의 공덕에 감사드리면서 이 보배를 바치나이다." 했을 때 그 현감은 "아위불탐위보(나는 탐하지 않는 것을 보배로 삼느니라)."로 답하고 그 옥덩이를 농부에게 되돌려주며 "이것으로 잘 살아가라."했다는 이야기라는 것을 알았다.

우리 집 툇마루에 걸린 낡은 족자의 글 내용을 알고 그것을 다시 보려 하니 그 족자는 사라져 버렸으며, 가족들도 그것이 언제 사라졌는지 아는 사람이 없었다.

저명하신 목사님 집에서 값비싼 그림이 없어지면서 이 연극은 시작이 된다. 그런데 목사님 사모께서는 그림의 물질적인 가치만을 강조하시고, 목사님께서는 그림이 말하는 상징적인 가치만을, 그리고 조카딸은 그 그림의 현실적인 가치를 활용하려고 한다.

사실 우리들의 내면세계에는 언제나 물질적인, 상징적인, 그리고

현실적인 가치의 보물이 있게 마련이다

그것이 행복이든 사랑이든 또 재물이든 그것을 탐하지 않는 마음을 보배로 생각할 때 그것이 물 위로 떠오르는 것이리라 생각해 본다.

그동안 고행에 가깝도록 수고하신 스태프, 게스트 여러분께 갈채를 보내고 싶다.

보시고 좋으시면 관객 여러분에게도 큰 박수를 부탁드린다.

이언호(연극 「숨은그림찾기」 작가)

함께 느끼며 생각하는
산뜻한 무대가 되기를…

　　　　　　　　　　'연극만으로 생활이 된다면 얼마나 좋을까?'라는 생각을 합니다.

　희망 사항일지도 모르겠지만 그런 생각에 잠길 때가 많습니다. 아마 이 지역 연극인들은 모두가 그런 생각을 할 것입니다.

　여러 가지로 어려운 가운데도 연극인들은 꾸준히 노력해 왔고, 지금 이 순간에도 연극을 생각하고 있습니다. '문화의 황무지'에 연극을 심으려는 연극인들의 노력이 그런대로 뿌리를 내리고 있는 것도 사실입니다. 무척 반가운 일입니다.

　그런 노력의 하나로 기획한 것이 '97 봄맞이 연극 잔치'이고, 이제 그 두 번째 작품인 이언호 극본, 「숨은그림찾기」의 막이 오릅니다. 아무쪼록 이 작품이 이 지역 소극장 운동 활성화에 조금이나마 도움이 되기를 바라는 마음입니다.

　연극 「숨은그림찾기」는 바로 우리들이 겪고 있는 사랑의 부재, 기성세대와 젊은 세대의 갈등, 일상 생활의 욕심 등의 문제들을 깔끔하고 유쾌하게 풍자하는 작품입니다.

　연출에 있어서 이런 문제들에 대한 해답을 제시하기보다는 있는 그대로의 모습을 통해서 관객 여러분이 느끼고 생각하도록 꾸며 보았습니다. 그리고 되도록 깔끔하고 경쾌한 무대를 만들려고 애썼습니다. 우리의 현실을 통해 여러분은 무엇을 느끼십니까?

　많은 수고를 해주신 스태프, 연기자 여러분께 감사를 드리며, 작품
을 정성껏 마무리해 주신 이언호 선생께 특별한 고마움을 전합니다.
　감사합니다.

정호영(연극 「숨은그림찾기」 연출)

연극 「오! 마미」 공연에 붙여

오늘날 미국에서 가장 활발하게 희곡 창작 활동을 하고 있는 장소현 씨의 「오! 마미(어머니)」와 이언호 씨의 「숨은그림찾기」가 새봄의 연극제를 장식하게 되었다.

특히 2월 28일, 3월 1, 2일의 3일간 월셔이벨극장에서 공연되는 연극 「오 마미」에는 한국 연극, 영화계의 대표적인 히로인 최은희 씨가 오랫동안의 침묵을 깨뜨리고 주연을 맡게 된다고 하여 큰 화젯거리가 되고 있다.

최은희 씨는 연극 영화에서뿐 아니라 해방 후 오늘에 이르기까지 50여 년간 한국이 겪어온 민족적 비극과 더불어 살아왔다고 해도 과언이 아닐 만큼 어렵고 힘든 세월을 살아온 원로 여배우다.
이미 50년 전에 그녀와 같이 일한 적이 있는 사람으로서 그 후 반세기 만에 최은희 씨의 무대를 그것도 미국에서 보게 됐다는 것이 꿈만 같다.
연극 「오! 마미(어머니)」는 특히 최은희 씨의 극적인 무대 복귀를 위해 써내려간 희곡이다.
무대에 펼쳐질 최은희 씨의 혼신의 열연을 기대하면서 우선 뜨거운 박수를 보내고 싶다.

연극은 말할 것도 없이 개인 예술이 아니다. 희곡, 연출, 연기, 무대미술, 조명플랜, 음악, 효과 등과 이 일을 총괄적으로 준비하는 기획팀과 함께 창조해내는 집단 예술이다.

연극 「오! 마미」의 연출 이효영 씨를 비롯한 배우 스태프들의 열기가 대단하다는 것을 연습장에서 느낄 수 있었다.

더욱이 몇몇 사람을 제외한 연기자의 대부분은 엄정한 오디션에 의해 선출하였다고 들었다. 자칫하면 매너리즘에 빠지기 쉬운 것이 연기다.

오디션을 거쳐 뽑힌 연기자들의 생기 있는 무대가 이 땅의 한인 연극 풍토에 새바람을 일으키리라 믿어 의심치 않는다.

지금 '이 땅의 연극 풍토'라는 말을 썼지만, 이곳에 한인 사회가 형성된 후 오늘날까지 문화예술 분야는 불모지대라고 표현되어 왔다. 그중에서도 연극은 그야말로 가뭄에 콩 나듯 어려운 상황이었다. 이민 생활이 힘들어서 관심을 돌릴 여유가 없었다는 말을 듣지만 그것은 핑계에 지나지 않고, 연극이라는 예술이 우리 생활과 어떠한 연관성을 가지고 우리 삶에 어떠한 영향을 미치는가에 대한 사람들의 인식 부족이 연극의 불모지대를 이루어 왔다고 말해도 과언이 아닐 것이다.

연극은 본질적으로 관객들로 하여금 인간적인 공감을 경험시키며, 경우에 따라서는 관객들의 인생을 지배할 만한 감동과 인상을 주는 그런 기능을 지니고 있다.

흔해 빠진 TV 드라마나 그때그때 사람들의 이목을 즐겁게 하는 오락을 위한 예능은 다르다.

나는 지금으로부터 50여 년 전 서울 충정로에 있었던 동양극장에서 극단 '청춘자'에 의해 공연된 「신사임당」이라는 연극을 보았다.

신사임당은 말할 것도 없이 이조 시대의 대학자 이율곡의 어머니이다. 이 연극에서는 신사임당을 현모양처의 귀감으로 묘사하고, 그 남존여비의 봉건시대에 아내로서 어머니로서의 본분을 다하며 서화에서 일가를 이루게 되는 한 여성의 한 많은 생애가 펼쳐지는 무대였던 것으로 기억한다. 그 줄거리는 내 기억에서 사라지고 말았다

그러나 지금도 생생하게 남아있는 것이 있다. 이율곡으로 나온 한 일송이라는 배우의 약간 혀 짧은 듯이 들리던 대사가 귀에 쟁쟁하고, 사랑방 창살 넘어로 비치던 책 읽는 신사임당의 실루엣을 생각하게 되며, 신사임당으로 등장하였던 진랑이라는 늘씬하던 여배우의 모습까지 아른거린다. 지난날 내가 체험한 것. 내 극적 상상력을 자극하며 내 마음을 설레게 하던 연극의 요소들이 내 생애의 소중한 점과 선이 되어 지금까지 마음 깊숙이 자리 잡고 있다는 것은 참으로 희한한 일이 아닐 수 없다.

그날 밤 동양극장에 발을 옮기지 않았던들 그 귀중한 것들을 경험할 수 없었으리라고 생각할 때 눈앞이 아찔해질 정도이다.

연극의 본질을 설명하기에 합당한 얘기였는지 자신이 없으나 우선 연극에 관심을 가지고 무리를 해서라도 연극을 봐야 한다는 얘기를 하고 싶었다.

이번 연극 「오! 마미」는 앞서도 말한 대로 해방 후 50년간 우리 민족이 겪은 수난을 신랄하게 다루고 '인종 화합'의 문제도 함께 생각해 보는 작품이다.

어른들은 물론이지만 2세, 1.5세에게 특히 권하고 싶은 연극이다.

생애를 통해 오래오래 남을 감동을 놓칠 수는 없다.

　이다음에 50년 후 21세기도 중반에 접어들었을 때 어떤 사람이 손자, 손녀들 앞에서 '1997년경에 LA 월셔이벨극장이라는 곳에서 「오! 마미」라는 연극을 보았는데 말이다. …' 하고 얘기하는 사람이 반드시 있으리라 믿어 의심치 않는다.
　「오! 마미」는 그런 연극이다.

위진록(가주예술인연합회 회장)

문화 민족의 자부심을 느끼며…

　　　　　　LA 한인 연극계가 20년의 역사를 기록하면서 이제 성년을 기념하여 '97 봄맞이 연극 잔치'를 펼쳐 그 첫 번째 창작 연극 「오! 마미」 공연을 갖게 된 것을 축하드립니다.

　오늘날의 문화는 우리 생활의 한 부분이자 사회 발전의 정신적인 기반으로 작용하고 있으며 특히 이민사회의 문화는 새로운 역사를 개척해 나갈 수 있는 슬기와 잠재력을 배양해 주고, 동포사회 유대와 발전의 정신적 기초를 다지는 모체가 되는 중요한 역할을 맡고 있습니다.

　이러한 의미에서 이번 '봄맞이 연극 잔치'는 어려운 이민 사회 환경에서 우리의 정신문화를 더욱 발전시키고 대극장, 소극장 연극을 함께 기획하여 이민 사회 연극문화를 정착시키려는 적극적인 시도로, 매우 의미 있는 행사가 될 것으로 기대합니다.

　그리고 첫 번째 공연작 「오! 마미」 공연은 한국의 대표적인 연기자인 최은희 여사의 연기인생 50주년을 기념해서 헌정 공연으로 마련된다는 뜻도 담겨있음을 기쁘게 생각합니다.

　연극의 매력은 무엇보다도 관객이 현장에서 배우와 함께 체험을 공유하는 생동감에 있다고 할 것입니다. 모처럼 마련한 LA 연극인들의 의욕적인 무대가 큰 성과를 거두고 우리의 연극 문화가 새롭게 탄생하는 계기가 될 수 있도록 뜻있는 많은 분들의 적극적인 참여를 기대합니다.

　이번 '봄맞이 연극 잔치'를 위하여 애써주신 극단 서울과 공연을 기획해 주신 에이콤에 깊은 감사를 드립니다.

이홍석(주 나성 한국문화원장)

우리 연극의 디딤돌을 놓으며…

　　　　　LA 지역의 연극인들이 극단 '서울'을 중심으로 뜻과 힘을 모아 두 편의 창작 연극으로 97년 새봄을 힘차게 엽니다.

　이번 '봄맞이 연극 잔치'에서 준비하는 「오! 마미」와 「숨은그림찾기」에서는 원로배우 최은희 여사님과 주상현 선생님을 비롯한 원로로부터 중견 배우들은 물론 참신한 새 얼굴에 이르기까지 또한 무대 뒤의 일을 책임지는 각계의 전문가들까지 순수한 정열로 함께 모였다는 점에 큰 자부심을 느낍니다.

　이제는 여러분께서 관심을 가지시고 우리의 연극을 봐 주신다면 저희들은 좋은 연극으로 보답할 것입니다.

　연극을 준비할 때마다 만나는 '어려움'이라는 단어는 이번에도 예외 없이 찾아왔습니다.

　그러나 '봄맞이 연극 잔치'에 참여한 모든 분의 협조가 가능했기에 오늘, 경쾌하게 막이 오르게 되었습니다. 그래서 연극계에서 자주 쓰는 "그래도 막은 오른다."라는 말은 진리인 것 같습니다.

　아무쪼록 이 두 공연을 통해서 한인 연극 인구의 저변확대와 LA 연극계 활성화에 좋은 기회가 되리라 확신합니다.

　좋은 밤. 연극과 함께 행복한 시간되십시오.

이광진(기획/가주예술인연합회 사무국장)

제5장

인터뷰(『중앙일보』, 『스포츠서울』,
한국국제문화교류진흥원)

한국 국제문화교류 진흥원
해외 통신원 인터뷰

LA 공연문화의 대부, 이광진 씨

　　　　　　　　LA 한인들을 하나로 엮어줄 「내 사랑 코리아 타운」, 일명 「나성가」의 작사가이자 프로듀서인 이광진 에이콤 대표의 삶은 LA 동포 사회의 공연문화 역사와 일치한다.

　LA에서 살아온 날들이 한국에서 태어나고 자란 날보다 훨씬 길어진 그는 올해로 이민 40년을 훌쩍 넘긴 한인타운 토박이이다. 그는 문화공연기획사 에이콤을 통해 지난 35여 년간 120편 이상의 각종 명품 무대 공연을 문화가 척박한 LA 한인 사회에 선보여왔다.

　1988년, 미주 한인 사회 최초로 창립한 에이콤의 이광진 대표는 "지난 35년간 해왔던 무대 공연을 죽 세어보니 120여 건이더라고요."라며 새삼 감회에 찬 표정으로 말한다.

　에이콤에서 처음으로 기획하고 공연했던 작품은 연극, 「우리 읍내」였다. 손톤 와일더(Thornton Wilder)가 썼던 「아우어 타운 (Our Town)」을 원작으로 한 이 작품은 미국 고등학교 교과서에도 나올 만큼 '가장 미국적인 연극'이라 평가된다.

　이광진 대표는 이를 '우리 읍내'라는 제목으로 바꾸어 1988년 당시 극단 활동하는 연극인들과 함께 월셔이벨극장 무대에 올렸다. 이 공연은 당시 18세였던 1.5세대 청소년, 백광흠 군을 돕고자 기획되었다.

1988년의 백광흠 군은 미국에 온 지 얼마 되지 않았던 한인 청소년이었는데, 갱단 친구들과 함께 어울리다가 권총을 잘못 쏘아 살인혐의를 뒤집어쓰고 형무소에 수감됐다. 현장에서 다른 갱단원들은 모두 도망갔지만, 백 군은 상황 판단을 하지 못하고 친구들과의 의리를 지키고자 남아있다가 구속됐다. 구속 수감되는 과정에 그의 부모는 어떻게 변호사를 선임해야 하는지도 모른 채 발만 동동 구르고 있었다.

이광진 씨는 백 군의 변호 비용을 마련하기 위해 '프렌즈 오브 케이 백(Friends of K Baek)'이라는 비영리 단체를 결성해 백광흠 구명 운동을 펼쳤다.

당시 「우리 읍내」를 공연했던 월셔이벨극장은 총 1,200석 규모인데, 3일 동안 3천 명 넘는 관객을 동원하며 총 1만 달러가 넘는 공연 수익을 올렸다. 이 대표는 1만 달러를 고스란히 백광흠 군의 변호사 기금으로 기부했다. 35년 전의 1만 달러는 결코 적은 돈이 아니었다.

「우리 읍내」 공연 이후, 에이콤은 지난 35년 동안 대한민국의 우수 극단들을 미주 지역에 초청하는 공연 유치에 집중했다. 당시 문화공보부에서는 연극 부문에서 최우수상을 수상한 극단에 미주 지역에서 공연할 수 있는 특혜를 주었다. 덕분에 미주 지역 동포들은 1년에 한 번씩 가만히 앉아서 한국 최고 수준의 공연을 감상할 수 있었다.

1990년대만 하더라도 일반 연예인들에게는 미국 비자가 잘 나오지 않았었는데, 문공부에서 보증해 주는 극단 단원은 예외였다. 에이콤의 이광진 대표는 미주 동포들이 대한민국 최고의 연극 작품을 비행기 타지 않고도 편안하게 감상할 수 있는 물꼬를 튼 장본인이다. 대한민국 우수 극단 미주 초청 공연을 계기로 MBC 마당놀이극과 SBS 악극의 미주 공연도 유치했다.

이처럼 에이콤 초창기 때는 대한민국 우수 극단을 소개하는 업무를 주로 했었는데, 그렇다고 로컬 연극 활동을 게을리했던 것은 아니다. 그는 당시 활동을 하고 있던 3~4개의 극단을 중심으로 제1회 LA 연극제를 기획했다.

한인들이 활용할 수 있는 연극 전용 극장이 없던 시절이라 아프리칸 아메리칸 커뮤니티에 있는 에보니 쇼케이스(Ebony Showcase)라는 흑인 전용 극장을 임대해 LA 연극제를 치렀다.

"에보니 쇼케이스가 위치한 곳은 워싱턴 블러버드(Washington Blvd.)와 라브레아 길(La Brea Ave) 인근입니다. 당시만 하더라도 그 동네 간다고 하면 모두들 살벌한 곳이라며 말리던 지역이었어요. 그런 극장에서 4개 극단이 일주일씩 돌아가며 한 달 동안 공연을 했어요. 한인들은 이민 초창기였던지라 노동집약적인 일을 하며 먹고 사느라 바빴지만 시간을 내어 연극을 보러 와줬습니다.

이처럼 에이콤은 타운 내에 로컬 연극을 활성화시키며 연극 붐을 일으키는 데에 일조를 했었습니다. 로컬 연극 활성화 이후 에이콤이 도전한 것은 7080 콘서트의 유치입니다. 제가 좀 나이가 있다 보니 7080 음악을 아주 좋아하고 또 7080 뮤지션들과 개인적인 친분 관계도 있어서 7080 뮤지션 초청 공연을 아주 활발하게 추진할 수 있었습니다. 그 후 한인타운에서 공연 문화가 활성화됐죠.

요즘은 방탄소년단이 국제적인 팬덤을 확보하면서 아이돌 그룹 중심으로 케이팝 문화가 재편성됐는데요. 저는 같은 케이팝이지만 아이돌 그룹의 음악은 감각이 떨어져서 잘 못 하겠더라고요. 하지만 타운 내의 7080 콘서트는 거의 다 에이콤에서 진행했었습니다. 이처럼 연극, 콘서트 등 장르를 가리지 않고 문화 기획 일을 열심히 했었습니다."

120회 이상의 공연을 기획하면서 어떤 작품이 가장 기억에 남느냐는 질문에 그는 '백광흠 돕기 공연'이라고 망설임 없이 대답한다. 공연 처녀작이기도 했거니와 LA에서 문화 공연 전문 기획사로서 처음 일 다운 일을 벌인 것이라 더욱 기억에 남는단다.

또 한 편의 잊혀지지 않는 연극 공연이 있다. 당시 백인들이 주로 거주하는 조용한 도시 어바인에서 한인 쌍둥이 자매 살인 미수 사건이 발생했다. 당시 언론들은 세계적으로 이 사건을 대서특필

하며 시선을 집중시켰다.

"생각해 보세요. 조용한 백인 중심 도시인 어바인에 아시안 여성이 살해사건에 연루된 것입니다. 쌍둥이 동생이 쌍둥이 언니를 살해하고 언니 신분으로 새롭게 태어나려고 했었다는 것이 사건의 개요였습니다.
범인으로 기소된 동생은 살인미수로 법률적 혜택을 전혀 받지 못한 채 수감돼 종신형을 받았습니다. 백인 남자친구 등 동조자와 함께 일을 저지르려고 했고, 복면 노끈이 있었다는 것이 증거로 채택됐었죠. 나중에 동생 얘기를 들어보니 진짜 살인 의도가 있었던 게 아니라 언니를 겁주기 위한 것이었는데 정황상 이게 증거가 된 것이죠."

LA 한인 신문사 기자가 1달 동안 그녀를 면회 가서 심층 취재를 한 후 이광진 대표를 만나 취재 노트를 보여주며 말했다.

"이광진 대표, 내가 취재해 본 결과 이 사람은 진짜 억울해요. 우리가 구명운동을 해줍시다. 연극의 책임이 세상의 실제 사건을 밝히는 게 아닌가요? 한인 여성이 남의 나라에서 살인 누명을 쓰고 수감 중이에요. 정말 남의 일 같지 않네요. 우리 이 사건을 연극으로 한 번 기획해 봅시다."

그래서 이광진 씨는 연극 「지나」를 기획했다. 당시 수감 중이던 쌍둥이 동생의 이름이 '지나 한' 씨여서 붙인 제목이다. 지금은 사라진 250석 규모의 『한국일보』 문화센터에서 2주 총 17회 공연을 마련했다.
연기자는 13명 정도 공개 오디션을 통해 모집했고 주인공 역은 한국에서 영화 「유관순」에도 출연했던 방송인 문지현 씨가 맡았다. 문지현 씨는 TV 드라마 『강남 일 번지』에도 출연한 바 있었지만 연극 무대는 처음이었다.

LA에서 연출자를 찾아 연습했고, 공연 10일 전에는 한국에서 초청한 대한민국 최고의 연극배우인 이호재 선생까지 합류했다. 이호재 선생은 쾌히 조건 없이 한국에서부터 날아와 공연에 참여해 주었다.

연극 첫날, 기적이 일어났다. 극장 앞에 미 주류 사회 미디어들이 모두 중계차를 대동하고 찾아온 것이다. 미국 주류 언론들이 생방송으로 방송하며 한인 사회에서 이 사건을 연극으로 만든 것을 화제로 삼았던 작품이라 지금까지도 기억에 남는다.

또 하나 기억나는 것은 북한에서 탈출해 FBI의 보호를 받으며 미국에서 거주하던 최은희 여사와 무대인생 50주년 기념 연극 공연을 기획했던 일이다.

최은희 여사가 미국에서 살기 시작한 지 1년째 되던 해가 데뷔 후 무대인생 50주년을 맞는 해였다. 이광진 씨는 LA에 살고 계신 극작가 장소현 씨에게 「오! 마미」라는 작품을 의뢰했다. 당시 연출은 「신부일기」, 「청춘의 덫」 등 여러 드라마와 극단 연출도 여러 편 했던 이효영 선생에게 부탁했다. 최은희 여사도 흔쾌히 출연해 줬다.

윌셔이벨극장에서 3일간 공연을 하면서 가장 걱정했던 것은 공연 중 혹시라도 안전사고가 일어나지 않을까 하는 것이었다. 최은희 여사가 연극인생 50주년 기념 공연을 LA에서 한다는 사실 자체가 엄청난 화제였다. 그런데 그때만 하더라도 최은희 여사가 마음대로 다니지 못하던 때였다. 그래서 안전요원을 여럿 배치하며 안전에 박차를 가했었다.

훗날 서울에 나갔을 때 TV 방송을 우연히 봤는데, 최은희 여사가

LA 있으면서 자신과 「오! 마미」를 공연했다는 인터뷰를 하는 것을 보고 새삼 감회에 젖었었다.

요즘은 코로나19 팬데믹 기간이라 아무런 일도 없다. 사실 얼마 전까지 KBS 라디오에서 제작하는 해외 동포용 방송 프로그램에서 1년에 한 차례씩 하는 해외 공개방송을 LA에서 하기로 하고 추진 중이었는데, 언제 재개할 수 있을지 지금으로써는 예측할 수 없는 상황이다.

그는 삶에 활력을 주는 공연들은 계속되어야 한다고 생각한다. 한국에서는 거리 두기를 지키면서 공연을 하고 있는데 LA에서는 아직 요원하다. 하루빨리 그런 시간이 오기를 바라고 있을 뿐이다.

그는 35년간 해왔던 에이콤 일을 이어받아 함께할 수 있는 기획자가 LA에서 더 많이 나왔으면 좋겠다는 바람을 갖고 있다. 그동안 공연 일에 있어 후배를 키우지 못했던 것이 아쉽지만, 지금이라도 그런 뜻을 갖고 있는 이들이 있다면 자신의 경험을 전수시키고 싶다는 소망을 전했다.

박지윤

한국국제문화교류진흥원 미국(LA)/LA 통신원
약력: 현) 마음챙김 명상 지도자, 요가 지도자
「4시엔 스텔라입니다」 진행자
전) 미주 『한국일보』 및 『중앙일보』 객원기자 역임
연세대학교 문헌정보학과 졸업
UCLA MARC(Mindful Awareness Research Center)
수료

제6장

남가주 한인 극단의 어제와 오늘

* 연극동호인회
  1976년 연출가 이평재 등을 중심으로 창단

* 모임 극회
  1978년 연출가 김석만을 주축으로 대학생들이 중심이 되어 창단 공연 「유랑극단」
  을 시작으로 「아름다운 그이는 사람이어라」, 「우리 읍내」, 「민들레 아리랑」 등 무게
  있는 작품들을 꾸준히 공연

* 재미 연극협회
  1980년 이평재, 서정자, 박병오, (고) 정종훈, 나재우, 김영일, 정호영, 등 한국에서
  활동하던 기성 연극인 중심으로 창단

* 극단 '1981'
  1981년 이익태, 이자경, 장소현, 유혜숙, 미키 송 등의 젊은 연극인들을 중심으로
  창단
  다양한 양식의 연극 「곡」 시리즈 등 연극 10여 작품 공연, 우리 연극을 미국 사회
  에 소개하는 데도 앞장섬

* 한미 극협
  1981년 할리우드에서 활약하는 배우 오순택을 중심으로 김용만, 김광림 등이 창
  단한 다국적 연극인의 극단
  「가주타령」 등의 작품을 중심으로 한인 연극의 미국 사회 진출을 목표로 활동

* 극단 'space 311'
  1983년 연극인 유혜숙의 사재로 개관한 소극장 'space 311'을 중심으로 활동

* 극단 '서울'
  1987년 연출가 이효영, 배우 주상현 등 경험 많은 기성 연극인 중심으로 창단
  「시집가는 날」, 「아버지의 꿈」, 「엄마 사랑해」 등 여러 작품을 공연

* 극단 '공간'
  1989년 연극 기획자 이광진을 중심으로 지금은 서울에서 배우로 활동하고 있는
  박진영, 송귀현 등이 중심이 되어 창단
  창단극 「일요일의 불청객」, 「대왕은 죽기를 거부했다」, 「스쿠르지」, 「남편이 깨기 전
  에」, 마당극 「사람 찾기」 등 80, 90년대에 활발한 연극 활동을 펼침

* 극단 '페이시스'
  1989년 대학극회의 맥을 이어 젊은 연극인들을 중심으로 창단

* 극단 '틴오라마'
  1989년 문화인 신종용을 주축으로 하여 고등학생 중심으로 창단
  연극을 통한 청년문화 활성화에 기여

* 극단 '창조'
  1990년 연출가 한대호, 배우 이진영을 중심으로 창단
  창조 소극장을 마련하여 연극 활성화에 기여

* 극단 '레파토리 92'
  1992년 미국에서 연극을 공부한 김연화를 중심으로 창단

* 공연 예술인 모임
  1994년 미국 주류 사회에서 활동하는 배우 오순택을 중심으로 창단된 다인종 연
  극단체

* 뮤지컬 극단 '팜'
  1996년 김상훈을 중심으로 창단된 뮤지컬 전문극단

* 극단 '홈'
  배우 배세진을 중심으로 창단
  「금관의 예수」 등 주로 종교적 주제의 연극 공연

  * 극단 'LA'
  2000년 연출가 김유연을 중심으로 창단된 극단
  「하늘에 흐르는 구름 임자 있던가」, 「불의 가면」, 「김치국씨 환장하다」, 「스쿠르지
  시간여행」 등 여러 작품 공연

* 극단 '이즈키엘'
  2013년 연출가 전수경을 중심으로 창단한 기독교 전문 공연예술단체
  「마루마을」, 「문」, 「포뮬라 3」, 「마론인형」, 「카텐자」 등 여러 작품 발표

* 극단 '시선'
  2019년 클라라 신을 중심으로 남가주에서 활동하는 음악가, 배우, 무대 전문 스태

프들이 창단한 무대예술인 그룹
2019년에 뮤지컬 「도산 안창호」를 시작으로 2022년 8월에는 '시즌3' 형식으로 두 번째 발표

* **극단 '에이콤'**
  문화기획사 에이콤의 연극 사랑을 계승하자는 뜻으로 연출가 조단과 배우 최순구, 임옥경, 이승주, 심현정, 미쉘 이, 앤드류 리, 김대섭, 김민영, 무대미술 듀크 김, 음악감독 최윤석 등 20여 명이 모여 2013년에 창단한 극단(대표 최순구)
  「하늘꽃」, 「Baby Box」, 「봄날은 간다(One Fine Spring Day)」 등 여러 작품을 발표

미주 문학세계(2003년) 참조

제7장

기타

Special Thanks

(무순)

한국일보, 중앙일보, 조선일보, 스포츠서울 USA, 헤럴드경제, 선데이저널, UNITY PRESS, US메트로뉴스, 알래스카한인신문, 라디오코리아, 우리방송, 라디오서울, KBS America, SBS International, MBC America, 연합뉴스, TVK, MBN AMERICA

로스앤젤레스총영사관, 한국문화원, 한국연극협회, 로스앤젤레스한인회, 한인축제재단, 가주예술인협회, LA문화사랑메세나협회, 공연프로듀서연합회, 미주예술원 '다루', 대한항공, 아시아나항공, 타이항공, 현대자동차, 기아자동차, BBCN뱅크. 한미은행, 오픈뱅크, 퍼시픽시티뱅크 신한은행, 윌셔이벨극장, 센터메디칼그룹, 서울메디칼그룹, 한미메디칼그룹, 아시아골수기증협회, K-POP BESTIE, 셀리온, 농심, 풀무원, 대림원, 가나안메디칼그룹, 아벤트라호텔, 가든스위트호텔, 박태호내과, 캘코보험, 제이박보험, 귀생당, JOIA Accessaries Inc, 이태리안경, 엣지마인, 삼호관광, 엘리트투어, 태양여행사, KENT CHOI CPA, 윈부동산, 노벨유니버시티, 털보간판, 홈쇼핑플러스, 바른디스크클리닉, KEY COMPANY, 제임스홍변호사그룹, 제임스방변호사그룹, Soboba Resort Casino, Pro Media, Seoul Soul, 아라도, 김기준합동법률사무소, 윌셔임플란트센터, 곽경환치과, 인산힐링

크리스 김, 김완신, 김성찬, 김문호, 김영균, 김득권, 김형준, 김윤수, 김학용, 김정섭, 지미 김, 김종술, 생김, 김막동, 애나 김, 샌드라 김, 김광수, 김영수, 김진모, 김재호, 테드 김, 김동우, 우영실, 이진영, 이광호, 지미리, 이인섭, 이언호, 이근찬, 이석환, 이성국, 이은영, 이기욱, 토마스리, 이문식, 이용기, 이승철, 제니 이, 스잔나 정, 오솔미, 박창규, 박태호, 벤자민 박, 박용환, 박재한, 스텔라 박, 박상준, 박강서, 박애란, 박찬승, 박상신, 박상균, 박경원. 강진한, 에릭 장, 하은선, 오수연, 석송, 방일영, 임옥경, 송명수, 권찬호, 고영주, 동문자, 진철희, 최영호, 진웅, 최경, 최동호, 진 최, 최순구, 문상열, 에릭 유, 제임스 안, 유한수, 손한순, 주성, 강범술, 신성균, 신영임, 듀크 김, 테리 김, 정진철, 장병희, 조명환, 장소현, 전신영, 정호영, 문지현, 허봉희, 백형설, 고수희, 데미안 서, 주훈, 짐허, 송관식, 강두한, 장호철, 나정훈, 제프 황, 이재영, 대니석, 권영호, 고장식, 홍순종, 이철, 허인수, 신영수, 손광희, 장우상, 이효윤, 김신무, 이양선, 배무한, 강일한, 김종하, 정구현, 이상열, 강진규, 박상원, 안소현, 임재욱, 양상업, 김용호, 이태섭, 김필성, 백광호, 박준성, 한대호, 노재유 김유연, 원수연, 미쉘 리

＊ ＊ ＊
경제와 문화예술의 균형 발전을 위한 '메세나' 정신을
실천하신 여러분들에게 진심으로 감사를 드립니다.
＊ ＊ ＊

에이콤 35년 공연 이야기

펴 낸 날 2023년 11월 10일

지 은 이 이광진
펴 낸 이 이기성
편집팀장 이윤숙
기획편집 윤가영, 이지희, 서해주
표지디자인 윤가영
책임마케팅 강보현 김성욱
펴 낸 곳 도서출판 생각나눔
출판등록 제 2018-000288호
주   소 경기도 고양시 덕양구 청초로 66, 덕은리버워크 B동 1708, 1709호
전   화 02-325-5100
팩   스 02-325-5101
홈페이지 www.생각나눔.kr
이 메 일 bookmain@think-book.com

• 책값은 표지 뒷면에 표기되어 있습니다.
  ISBN   979-11-7048-616-9(03680)